Lars Pollmann

UNNÜTZES WISSEN
über
BORUSSIA DORTMUND

Lars Pollmann

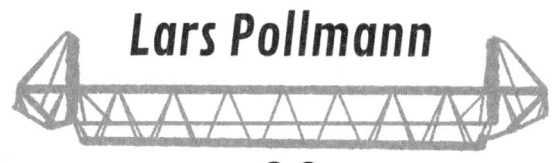

UNNÜTZES WISSEN

über

BORUSSIA DORTMUND

Erstaunliche Fußballfakten, die dich zum Experten machen

YES

Originalausgabe
2. Auflage 2024
© 2023 by Yes Publishing – Pascale Breitenstein & Oliver Kuhn GbR
Türkenstraße 89, 80799 München
info@m-vg.de
Alle Rechte vorbehalten.
Wir behalten uns die Nutzung unserer Inhalte für Text und Data
Mining im Sinne von § 44b UrhG ausdrücklich vor.

Redaktion: Dr. Ulrich Korn
Umschlaggestaltung: Ivan Kurylenko (hortasar covers)
Layout und Satz: Müjde Puzziferri, MP Medien, München
Druck: CPI books GmbH, Leck
Printed in the EU

ISBN Print 978-3-96905-237-2
ISBN E-Book (EPUB, Mobi) 978-3-96905-238-9
ISBN E-Book (PDF) 978-3-96905-239-6

Inhalt

VORWORT

Liebe Leserinnen und Leser,

wenn Sie dieses Buch in den Händen halten, sind Sie höchstwahrscheinlich Fan von Borussia Dortmund. Warum sonst sollten Sie ein Buch mit allerlei Fakten über den BVB gekauft oder geschenkt bekommen haben? Mutmaßlich glauben Sie, nahezu alles über die Schwarzgelben zu wissen.

Das hätte auch der Autor des Buches von sich behauptet, ehe er den Auftrag erhielt, vielfältige Fakten über die Borussia zusammenzustellen. Die Recherche hat ihn eines Besseren belehrt: In über 113 Jahren Klubgeschichte sammelt sich eben doch so einiges an, das auch megaeingefleischte Anhänger des BVB nicht auf dem Schirm haben.

Wussten Sie etwa, dass Borussia Dortmund erst ab Februar 1913 in gelben Jerseys mit schwarzem »B« auf der linken Brustseite spielte? Oder dass der Klub 1969 mit dem jugoslawischen Abwehrmann Branko Rašović erstmals einen Spieler aus dem Ausland verpflichtet hat? Kennen Sie neben »Susi«, »Emma« und »Motzki« auch den »Ölprinzen«, der einst für den BVB aktiv war?

Selbst wenn Sie diese Fragen mit einem kräftigen »Ja« beantworten können, sollte dieses Buch für Sie die ein oder andere Überraschung bereithalten. Borussia Dortmund als Klub der Höhen und Tiefen bietet allemal genügend Facetten, mit denen demnächst auch Sie angeben können.

Viel Spaß bei der Lektüre wünscht Ihnen mit schwarzgelben Grüßen

Lars Pollmann

Im Jahre 1909
DIE GESCHICHTE DES BVB

ANFÄNGE AUSGERECHNET IN BLAU-WEISS

Der »Ballspielverein Borussia 09 e. V. Dortmund« wurde am Abend des 19. Dezember 1909 im Wirtshaus »Zum Wildschütz« in der Oesterholzstraße 60 gegründet, die vom Borsigplatz in der Dortmunder Nordstadt abgeht.

An diesem vierten Adventssonntag hatten sich rund 50 Mitglieder der katholischen Jugendorganisation »Dreifaltigkeit« getroffen, um über die Gründung eines Vereins außerhalb der kirchlichen Organisation zu debattieren. Vorausgegangen waren seit Jahren Konflikte vor allem mit Kaplan Hubert Dewald, dem damaligen Vorsitzenden der sogenannten Jünglingssodalität. Dewald konnte mit dem Fußballsport wenig anfangen und betrachtete das noch recht unorganisierte Spiel der späteren BVB-Gründer auf den Wiesen rund um den Borsigplatz mit Argwohn.

Am 19. Dezember 1909 kam es bei der Versammlung zu einem Showdown: Unter den knapp 50 Mitgliedern der Dreifaltigkeit bestand keine Einigkeit, einige Abtrünnige informierten Kaplan Dewald über die Absicht der verbliebenen jungen Männer, einen eigenen Verein zu gründen. Dewald wollte daraufhin die Versammlung auflösen, erhielt aber gar nicht erst Zutritt zu den Räumlichkeiten der Gaststätte. So gründeten 18 Männer an diesem ereignisreichen Tag den Verein, der heute als Borussia Dortmund weltweit bekannt ist.

Die Gründerväter des BVB

Franz Braun	Paul Braun	Heinrich Cleve
Hans Debest	Paul Dziendzielle	Franz Jacobi
Julius Jacobi	Wilhelm Jacobi	Hans Kahn
Gustav Müller	Franz Risse	Fritz Schulte
Hans Siebold	August Tönnesmann	Heinrich Unger
Robert Unger	Fritz Weber	Franz Wendt

Dass der Klub diesen Namen trägt, ist gewissermaßen einer fixen Idee zu verdanken. Weil der Verlauf der Versammlung so nicht abzusehen war, gab es vorab keine detaillierten Pläne über die Benennung des Vereins, über dessen Gründung erst noch zu diskutieren war. Letztlich landeten die Gründer bei »Borussia«, der lateinischen Übersetzung für »Preußen«. Nach dem Sieg der preußischen und der britischen Armee über Napoleon im Jahr 1815 gehörte die Stadt Dortmund zur preußischen Provinz Westfalen.

In dieser Gründerzeit vieler deutscher Fußballvereine waren geografische Bezeichnungen durchaus beliebt, erinnert sei etwa an Preußen Münster (gegründet 1906) oder Westfalia Herne (1904). Warum aber wurde aus dem deutschen Preußen die lateinische Borussia? Den Vorschlag, den Verein Borussia zu nennen, machte Franz Jacobi. Der Legende nach hatte er den Bierkrug zum Anstoßen in der Hand, als ihm ein Werbeschild der Borussia-Brauerei ins Auge fiel. Gewissermaßen lässt sich also sagen, dass Borussia Dortmund, jedenfalls der Name, aus einer Bierlaune heraus entstanden ist. Diese Interpretation hat auch mehr Charme als die, dass es den Gründervätern des Klubs darum gegangen sei, mit dem Namen an ihre Heimat zu erinnern. Zumal Dortmunder sich in dieser Zeit bestimmt nicht als Preußen, sondern als Westfalen bezeichnet hätten.

Nicht nur aufgrund seiner Eingebung bei der Namensfindung für den frisch gegründeten Verein gilt Franz Jacobi rückblickend als wichtigster »Urheber« des BVB. Ein durch Crowdfunding finanziertes und von drei Borussenfans produziertes Doku-Drama aus dem Jahr 2015 stellt Jacobi in den Mittelpunkt der Gründungszeit des Vereins (*Am Borsigplatz geboren – Franz Jacobi und die Wiege des BVB*).

Der bei der Gründung erst 21 Jahre alte geborene Dortmunder hat den jungen Klub auch als Vorsitzender geprägt. Allerdings hatte Franz Jacobi nicht als Erster diesen Posten inne. Diese Ehre wurde Heinrich Unger zuteil, und Mitte 1910 übernahm Franz Risse für eineinhalb Monate den Vorsitz. Dann gelangte Jacobi in diese Position, der das Amt bis 1923 ausübte und anschließend Ehrenvorsitzender wurde.

Die ersten Präsidenten des BVB

- 1909 bis 1910 Heinrich Unger
- 1910 Franz Risse
- 1910 bis 1923 Franz Jacobi
- 1923 bis 1928 Heinz Schwaben
- 1928 bis 1933 August Busse

🙂 1933 bis 1934 Egon Pentrup

🙂 1934 bis 1945 August Busse

Die Ära des Vorsitzenden Jacobi begann mit der Aufnahme des BVB in den Westdeutschen Spielverband (WSV) am 3. Dezember 1910. Schon einige Monate zuvor hatte die Leichtathletikabteilung des Vereins diesen Schritt vollziehen dürfen, unter den Fußballern herrschte in dieser Zeit wegen der zahlreichen Vereinsgründungen eine Art Aufnahmestau. Das erste offizielle Spiel nach der Aufnahme in den Verband fand am 15. Januar 1911 statt. Der BVB gewann gegen den VfB Dortmund mit 9:3. Das erste Meisterschaftsspiel folgte am 10. September desselben Jahres gegen den Turnerbund Rauxel; die Borussen setzten sich mit 1:0 durch.

Was heute unvorstellbar ist: Der BVB trat in dieser Zeit ausgerechnet in blau-weiß gestreiften Trikots an, die eine rote Schärpe zierte. Mit diesem Streifen auf den Leibchen drückten die Gründer des Klubs wohl ihre Solidarität mit den Arbeitern in der Industriehochburg Dortmund aus. Blau und Weiß, das sind natürlich die Farben des späteren Erzrivalen FC Schalke 04. Erst Anfang 1913 hat der BVB sich auf die bis heute gültigen offiziellen Vereinsfarben Schwarz und Gelb festgelegt. Am 4. Januar 1913 entschied sich der Verein für diese Farben, am Valentinstag folgte die Genehmigung auf einer Sitzung des Bezirksausschusses in Dortmund. Der BVB spielte fortan in »zitronengelben Jerseys mit schwarzem ›B‹ auf der linken Brustseite«, wie einem Protokoll zu entnehmen ist.

VON DER WEISSEN WIESE IN DIE ROTE ERDE

Bereits nach drei Spielzeiten gelang dem BVB der Aufstieg in die damals höchste Liga in Westfalen. Die erste Saison der nun tatsächlich Schwarzgelben in der A-Klasse wurde nach dem Ausbruch des 1. Weltkriegs allerdings abgebrochen. Seine Spiele führte der junge Verein seinerzeit auf der »Weißen Wiese« durch. Der Sportplatz an der Wambeler Straße nahe dem Borsigplatz hatte noch recht provisorischen Charakter. So wurden damals die Tore nach jedem Spiel abgebaut, damit die Materialien nicht des Nachts gestohlen wurden. Ihren Namen soll die erste Heimspielstätte des BVB dadurch erhalten haben, dass angrenzende Pappeln die grüne Spielfläche in jedem Frühjahr mit Blüten weiß färbten.

Zu einer Art Fußballstadion, wie man es heute kennt, wurde die Weiße Wiese erst 1924. So wurde das Gelände ummauert, und die Zuschauerbereiche wurden ausgebaut. Die Anlage bot nun bis zu 10 000 Besuchern Platz. Die teuren Arbeiten waren nötig, um die Auflagen für den Aufstieg in die nach dem 1. Weltkrieg gegründete Bezirksklasse zu erfüllen. Auch das Ende der Ära Jacobi auf dem Posten des Vorsitzenden hat damit zu tun: Sein Nachfolger wurde Heinz Schwaben, der als Direktor der Union-Brauerei die finanziellen Mittel sicherstellte, die der Umbau der Weißen Wiese zum »Borussia-Sportplatz« erforderte.

Bis zur Gründung der Gauligen nach der Machtergreifung der Nationalsozialisten gelang es dem BVB nicht, sich nachhaltig in der damals höchsten westfälischen Spielklasse zu halten. Tatsächlich war Dortmund phasenweise sogar nur in der dritthöchsten Liga aktiv. Erst zur Saison 1936/37 gelang wieder der Aufstieg in die Erstklassigkeit, Dortmund spielte seit diesem Zeitpunkt in einer der 16 Gauligen im Deutschen Reich. Und 1935 hatte mit August Lenz erstmals ein Dortmunder Borusse in der deutschen Nationalmannschaft debütiert. Der Mittelstürmer prägte die Mannschaft auch in den folgenden Jahren bis zum 2. Weltkrieg, für den Klub waren sie mit dem zwangsweisen Umzug in die Kampfbahn Rote Erde verbunden.

Aus dem industriellen Norden ging es in den bürgerlichen Süden Dortmunds. Das Gelände der Weißen Wiese wurde für den Bau einer Anlage der Hoesch Stahl AG durch die Nationalsozialisten enteignet, ohne dass es dafür eine Entschädigung gegeben hätte. Ab 1937 spielte der BVB also in der Roten Erde, die heute noch der zweiten Mannschaft des Klubs als Heimspielstätte dient.

Die Spielstätten des BVB

⚽ 1909 bis 1937 Weiße Wiese (max. 10 000 Zuschauer)
⚽ 1937 bis 1974 Rote Erde (max. 42 000 Zuschauer)
⚽ Seit 1974 Westfalenstadion, ab dem 1.12.2005 offiziell Signal Iduna Park (max. 83 000 Zuschauer)

Erst in dieser Phase der fußballerischen Entwicklung der um die Jahrhundertwende gegründeten Vereine etablierten sich Trainer an der Seitenlinie. Zuvor machten die Spieler ihre Taktik und

Aufstellung noch unter sich selbst aus, Auswechslungen gab es ohnehin noch nicht. Als ersten Trainer engagierte Dortmund mit Fritz Thelen einen ehemaligen Schalker Mittelstürmer. Bevor er übernehmen konnte, wirkte jedoch einige Wochen lang Ernst Kuzorra als erster Übungsleiter des BVB. Die S04-Legende war nicht nur ein Schwager von Thelen, sondern hatte auch private freundschaftliche Verbindungen zum Umfeld der Dortmunder Borussia. Die große Rivalität unter den Klubs ist sowieso erst später entstanden.

In der Gauliga feierte Dortmund einige Achtungserfolge, konnte aber nicht mit den dominanten Schalkern aus Gelsenkirchen mithalten. Die Königsblauen waren seinerzeit wohl das beste Team im Deutschen Reich und feierten eine Meisterschaft nach der anderen. Der Spielbetrieb in der Gauliga wurde auch nach dem Ausbruch des 2. Weltkriegs fortgeführt, erst die Saison 1944/45 wurde abgebrochen. Dies lag einerseits an einem sehr harten Winter, andererseits fehlten vielen Vereinen zu viele Spieler, die im Fronteinsatz waren.

Diese dunklen Jahre der deutschen Geschichte haben auch beim BVB Spuren hinterlassen, beispielsweise gab es große Bombenschäden an der Roten Erde. Zahlreiche Spieler der Borussia waren Mitglieder der NSDAP oder der paramilitärischen Kampforganisation SA. Einflussreiche Mitglieder bei den Nationalsozialisten sorgten dafür, dass wichtige Spieler des BVB nicht zum Kriegsdienst eingezogen wurden, wovon der Klub natürlich profitierte.

Jedoch regte sich bei Borussia Dortmund auch Widerstand.

Eine Reihe mutiger Vereinsmitglieder nutzte Druckmaschinen des Klubs, um Flugblätter anzufertigen. Der Kommunist Heinrich Czerkus, an der Weißen Wiese Vereinswart des BVB, ist wohl der bekannteste Widerstandskämpfer aus den Reihen der Vereinsmitglieder. Er wurde nur wenige Wochen vor Kriegsende von der Gestapo gefasst und im Rahmen der Karfreitagsmorde Ende März / Anfang April 1945 ermordet. Heute erinnert der unter anderem vom BVB-Fanprojekt unterstützte Heinrich-Czerkus-Gedächtnislauf, beginnend an der Roten Erde, alljährlich an den mutigen Einsatz des Widerstandskämpfers.

ERSTE TITEL UND GRÜNDUNGSMITGLIED DER BUNDESLIGA

Nach der Aufteilung der deutschen Staatsgebiete unter den alliierten Siegermächten des 2. Weltkriegs gehörte Dortmund zur britischen Besatzungszone. Die britische Militärregierung war dem Fußballsport gegenüber durchaus positiv eingestellt, mutmaßlich hat das zur raschen Wiederaufnahme des Betriebs beim BVB beigetragen. Schon ab August 1945 spielten die Schwarzgelben wieder, für den Klub begann nun die erfolgreichste Phase seines bisherigen Bestehens.

1947 schlug der BVB Schalke im Finale um die Westfalenmeisterschaft mit 3:2, die Partie vom 18. Mai gilt als die bis dahin wichtigste in der Vereinshistorie und hatte auch eine große Bedeutung außerhalb des direkten BVB-Umfelds.

Die Dominanz der Schalker war gebrochen, Beobachter sprachen seinerzeit gar von der »Wende im Westen«. In der Folge war Dortmund der Hegemon im westdeutschen Fußball und feierte drei Titel in der neu gegründeten Oberliga West.

Seit 1947 war das die höchste Spielklasse, unter den Siegern der insgesamt fünf Staffeln wurden zudem deutsche Meister ausgespielt. Dieser Krönung kam der BVB 1949 erstmals nahe, gegen den VfR Mannheim verlor Schwarzgelb nach Verlängerung mit 2:3. Die Partie vor über 90 000 Zuschauern im Stuttgarter Neckarstadion an einem unsagbar heißen Juli-Sonntag ist als »Hitzeschlacht von Stuttgart« in die Fußballhistorie eingegangen.

Im Jahr 1956 sollte es dann so weit sein: Vor 75 000 Zuschauern im Berliner Olympiastadion schlug die BVB-Mannschaft von Trainer Helmut Schneider den Karlsruher SC mit 4:2 und feierte damit die erste deutsche Meisterschaft in der Klubgeschichte. Den Titel konnte der BVB ein Jahr später in Hannover mit einem 4:1 gegen den Hamburger SV verteidigen. Schneider hielt sich dabei an die Fußballweisheit »Never change a winning team« und stellte exakt dieselbe Elf auf wie beim ersten Titelgewinn.

Die Meistermannschaften des BVB 1956 und 1957

- ⚽ Torwart: Heinrich Kwiatkowski
- ⚽ Verteidiger: Wilhelm Burgsmüller, Herbert Sandmann, Elwin Schlebrowski
- ⚽ Läufer: Max Michallek, Helmut Bracht

⚽ Stürmer: Wolfgang Peters, Alfred Preißler, Alfred Kelbassa, Alfred Niepieklo, Helmut Kapitulski

⚽ Trainer: Helmut Schneider

An derselben Stelle in Hannover unterlag Dortmund 1961 dem 1. FC Nürnberg mit 0:3, zwei Jahre später holte der BVB den letzten Titel vor der Gründung der Bundesliga: In Stuttgart gelang ein 3:1 gegen den 1. FC Köln. Im selben Jahr ging das erste DFB-Pokalfinale der Vereinsgeschichte in Hannover gegen den Hamburger SV verloren, Uwe Seeler sorgte für alle drei Treffer beim 0:3 aus Sicht der Dortmunder.

Als Meister der Oberliga West und deutscher Meister hatte Dortmund auch das Ticket zur neu eingeführten gesamtdeutschen Bundesliga sicher, die 1963 das Licht der Welt erblickte. Als einer von 16 Klubs darf sich der BVB somit Gründungsmitglied der Liga nennen. In den ersten Jahren der Bundesliga gehörte Borussia Dortmund zu den Spitzenmannschaften, für den großen Wurf reichte es aber nicht. Dafür gelang 1965 der erste Sieg im DFB-Pokal gegen Alemannia Aachen (2:0).

Zudem gelang es dem BVB als erstem deutschen Verein, einen internationalen Titel zu erringen: Am 5. Mai 1966 bezwang die Borussia den klar favorisierten FC Liverpool im Endspiel um den Europapokal der Pokalsieger nach Verlängerung mit 2:1. Reinhard »Stan« Libuda, seinerzeit neben Seeler der vielleicht beliebteste deutsche Fußballer, erzielte den Siegtreffer, der in Dortmund eine große Euphorie auslöste, sodass sich tags darauf der Jubel sich in Form eines Autokorsos manifestierte.

ALS ZWEITLIGIST INS WESTFALENSTADION

Dem Highlight des internationalen Titelgewinns von 1966 folgte ein anhaltender Niedergang, der letztlich im Abstieg aus der Bundesliga endete. Neben personellen Fehlentscheidungen sowohl auf der Trainerbank als auch bei den Spielern waren es nicht zuletzt finanzielle Probleme, die den BVB in eine Negativspirale schickten.

Der Abstieg aus der Bundesliga im Jahr 1972 war die beinahe logische Konsequenz. In der Regionalliga West lag der Verein zeitweise am Boden. Es hätte wohl nicht viel gefehlt, und Borussia Dortmund hätte ein ähnliches Schicksal erfahren wie andere Klubs, die in dieser Zeit von der bundesdeutschen Bildfläche weitgehend verschwanden.

Allein die Erlangung der Lizenz für die neu gegründete 2. Bundesliga, die 1974 mit einer Nord- und einer Südstaffel an den Start ging, forderte einen Kraftakt vom BVB ein. Nur dank der Unterstützung verschiedener gesellschaftlicher Kräfte kratzten die Verantwortlichen genug Geld zusammen, um im Unterhaus spielen zu können. Bis heute ziert zum Dank dafür der Schriftzug »Dortmund« den Rücken der BVB-Trikots.

Der wichtigste Faktor zur Gesundung des Vereins war aber fraglos der Bau des Westfalenstadions anlässlich der Fußballweltmeisterschaft in Deutschland im Jahr 1974. Das in die Jahre gekommene Stadion Rote Erde war allenfalls etwas für Hardcore-Fans und Fußballromantiker; das moderne neue Stadion, direkt nebenan gebaut, bot nicht nur ein besseres Erlebnis, sondern auch deutlich mehr Zuschauern Platz. Darüber hinaus war Dortmund der einzige WM-Spielort mit einem reinen Fußballstadion ohne Laufbahn.

Spiele der WM 1974 in Dortmund

🏆 Schottland gegen Zaire 2:0 (Gruppenphase)
🏆 Niederlande gegen Schweden 0:0 (Gruppenphase)
🏆 Niederlande gegen Bulgarien 4:1 (Gruppenphase)
🏆 Niederlande gegen Brasilien 2:0 (Zwischenrunde)

Wie schlimm es um den BVB zu dieser Zeit stand, zeigt der Umstand, dass der FC Schalke 04 beim Eröffnungsspiel (3:0 für die Gäste) auf eine Gage verzichtete, um dem Erzrivalen unter die Arme zu greifen. Für einen Zweitligisten war das Westfalenstadion deutlich überdimensioniert, für den BVB, dem kaum Kosten entstanden waren, war es dennoch ein Segen: Selbst im Unterhaus kamen deutlich mehr Fans als noch in der Roten Erde zu den Heimspielen, die Einnahmen aus dem Ticketverkauf haben dem Verein nachhaltig bei der Sanierung geholfen.

Auch deshalb gelang 1976 der ersehnte Wiederaufstieg in die Bundesliga, in den Aufstiegsspielen wurde zweimal der Südstaffel-Sieger 1. FC Nürnberg bezwungen. Zurück in der Bundesliga gelang es Dortmund schnell, sich wieder als Erstligist zu etablieren. Große Erfolge blieben allerdings über längere Zeit aus. Dies war mitunter der sprunghaften Politik der wechselnden

Vereinsführungen anzulasten, die regelmäßig nur wenig Geduld mit teils durchaus prominenten Trainerpersönlichkeiten zeigten.

Die Jahre im Mittelmaß der Bundesliga spiegelten sich auch im abnehmenden Interesse der Zuschauer wider; sinkende Einnahmen aus dem Kartenverkauf waren daher ein nicht unwesentlicher Faktor in einer gravierenden wirtschaftlichen Krise des Klubs in den 1980er-Jahren.

Zeitweise drohte der Entzug der Lizenz für die Bundesliga, und wie schon ein Jahrzehnt zuvor waren es nicht zuletzt Sponsoren aus Dortmund und der Umgebung, die den Verein vor einem möglichen Kollaps bewahrten.

Den neuerlichen sportlichen Abstieg verhinderte der BVB in den vielleicht dramatischsten Spielen seiner bisherigen Geschichte am Ende der Saison 1985/86: Der 16. der Abschlusstabelle traf in den Relegationsspielen auf Fortuna Köln und sah nach einem 0:2 im Hinspiel dem Abgrund entgegen. Ein Treffer in der Nachspielzeit von Jürgen Wegmann im Rückspiel in Dortmund rettete die Schwarzgelben in ein damals noch vorgesehenes Entscheidungsspiel auf neutralem Platz. Ein furioses 8:0 vor einer in großer Schar angereisten Zahl von BVB-Fans in Düsseldorf bedeutete die Rettung. Im Nachhinein gilt der Flirt mit dem Abstieg als Erweckungsmoment für den Klub, der schon recht bald wieder positive Schlagzeilen schreiben konnte.

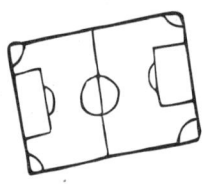

DIE ERSTE GOLDENE ÄRA DES BVB

Knapp drei Jahre nach den geglückten Relegationsspielen konnte der BVB seinen ersten Titel seit 1966 feiern: Im DFB-Pokalfinale 1989 gelang ein durchaus überraschender Sieg über das favorisierte Team von Werder Bremen. Nach frühem Rückstand drehte hauptsächlich Norbert Dickel auf, mit seinem Doppelpack war der bis heute als »Held von Berlin« verehrte Angreifer maßgeblich am 4:1-Triumph von Dortmund beteiligt. Eine ganze Generation von BVB-Fans hatte damit endlich den ersten großen Titel ihres Herzensvereins erlebt. Was sie damals noch nicht wussten: Es sollte die erfolgreichste Ära der Vereinsgeschichte folgen.

Als entscheidend gilt dabei neben einigen teuren Transfers durch den neuen Manager Michael Meier vor allem die Verpflichtung von Ottmar Hitzfeld als Cheftrainer. Der frühere Stuttgarter Bundesligaprofi erwies sich als absoluter Glücksgriff. Seine erste Saison 1991/92 wurde die bis dato beste des BVB in der inzwischen fast 30 Jahre alten deutschen Eliteliga, eine erste Meisterschaft seit 1963 ging Dortmund in einem dramatischen Bundesligafinale knapp durch die Finger.

Mit dem ersehnten Titelgewinn sollte es noch drei Jahre dauern, in denen der Klub mit dem Erreichen des UEFA-Cup-Finales 1993 gegen den italienischen Spitzenklub Juventus Turin andeutete, dass er auch international auf dem Vormarsch war, auch wenn nach Hin- und Rückspiel gegen das Turiner Starensemble ein klares 1:6 stand.

Vier Jahre später gelang den Dortmundern die süßeste Revanche: Im Münchner Olympiastadion feierte der BVB mit einem 3:1-Sieg im Champions-League-Finale gegen »Juve« den größten Erfolg der Vereinsgeschichte. Am 28. Mai 1997 erklomm die Borussia dank eines Doppelpacks von Karl-Heinz Riedle und eines sehenswerten Jokertors von Lars Ricken den europäischen Fußballolymp; Anfang Dezember desselben Jahres gewann der BVB in Japan den Weltpokal im Endspiel gegen den brasilianischen Verein Cruzeiro aus Belo Horizonte.

Die Siegerelf des Champions-League-Endspiels 1997

- ⚽ Tor: Stefan Klos
- ⚽ Abwehr: Stefan Reuter, Matthias Sammer, Martin Kree, Jürgen Kohler
- ⚽ Mittelfeld: Paul Lambert, Jörg Heinrich, Paulo Sousa, Andreas Möller
- ⚽ Sturm: Karl-Heinz Riedle, Stéphane Chapuisat
- ⚽ Eingewechselt: Heiko Herrlich, Lars Ricken, Michael Zorc
- ⚽ Trainer: Ottmar Hitzfeld

Klar, dass Dortmund in dieser Zeit auch in der Bundesliga das Maß aller Dinge war und sich 1995 sowie 1996 die Meisterschale sichern konnte. Jedoch gelang es dem BVB nicht, sich dauerhaft als Nummer eins im deutschen Fußball zu etablieren.

Der Wechsel von Hitzfeld ins Management nach dem Champions-League-Triumph bedeutete eine Zäsur, zudem misslang der Umbruch einer in die Jahre gekommenen Mannschaft. Erhebliche Investitionen in den Kader brachten nicht den gewünschten sportlichen Ertrag, der BVB geriet in der Saison 1999/2000 gar in ernste Abstiegsnöte. Die späte Verpflichtung von Trainerlegende Udo Lattek, der gemeinsam mit dem vormaligen BVB-Profi Matthias Sammer arbeitete, verhinderte den peinlichen Abstieg, der wirtschaftlich verheerende Folgen gehabt hätte.

BÖRSENGANG UND FAST-KOLLAPS

Trotz der sportlichen Misere zur Jahrtausendwende wähnte die Vereinsführung den BVB in dieser Zeit weiter unter den ganz großen Playern im europäischen Fußball. Um diese Stellung zu konsolidieren, entschied sich der Klub für einen Börsengang der Lizenzspielerabteilung. Ab dem 31. Oktober 2000 konnten Anleger und Fans Anteile an der Borussia Dortmund GmbH & Co. KGaA erwerben. Der Verein nahm damit eine erhebliche Summe ein, die fortan auch für viele teure Transfers aufgewendet wurde. Für Anleger war die BVB-Aktie übrigens kein gutes Geschäft, ihren Ausgabepreis von 11 Euro hat sie nie wieder auch nur annähernd erreichen können.

Höhen und Tiefen des BVB-Aktienkurses

 Ausgabekurs und höchster Kurs: 11,00 Euro
 Niedrigster Kurs: 0,80 Euro (Juli 2009)
 Kurs zu Beginn des Jahres 2023: 4,70 Euro

Der Börsengang ermöglichte der Vereinsführung große Investitionen auf dem Transfermarkt, die sich in sportlichem Erfolg widerspiegelten. An den letzten Spieltagen der Saison 2001/02 gelang dank einer Aufholjagd im Fernduell mit Bayer Leverkusen der sechste deutsche Meistertitel, zudem erreichte der BVB das Finale des UEFA-Cups, das gegen Feyenoord Rotterdam auch wegen eines frühen Platzverweises von Jürgen Kohler verloren ging.

Neben den hohen Ablösesummen, die sich der Klub aufhalste, sorgte auch der Ausbau des Westfalenstadions zur größten Fußballspielstätte der Bundesliga für erhebliche Kosten. Nahezu 83 000 Zuschauer fanden nun Platz im Stadion. Der Erfolg der Borussia stand in dieser Zeit wegen der großen wirtschaftlichen Belastung auf tönernen Füßen, sein Ausbleiben hat den Verein beinahe in den Abgrund gestürzt.

Das Unheil nahm ab 2003 seinen Lauf, als Dortmund die dringend benötigten Einnahmen aus der Champions-League-Teilnahme durch das Scheitern in der Qualifikation gegen den FC Brügge nach Elfmeterschießen verpasste. Der Schuldenberg türmte sich in der Folge höher und höher, im Frühjahr 2005 war die Lage ernst wie nie zuvor in der Geschichte des Klubs.

Der zwischenzeitlich eingesetzte Geschäftsführer Hans-Joachim Watzke zeichnete für die Konzipierung eines Sanierungskonzepts verantwortlich, das den Haupteigentümern des Westfalenstadions in einer Eventhalle des Düsseldorfer Flughafens präsentiert wurde. Eine Dreiviertelmehrheit war nötig, um den Absturz von Borussia Dortmund in den Amateurfußball zu vermeiden.

Ende 2002 hatte der Klub seine Heimspielstätte an den Immobilienfonds Molsiris verkauft und anschließend für eine Summe von 17 Millionen Euro pro Jahr vom Fonds zurückgeleast. Das Sanierungskonzept sah unter anderem einen teilweisen Rückkauf des Stadions vor. Bei der Versammlung der Molsiris-Gesellschafter sah es zunächst so aus, als gingen beim BVB tatsächlich die Lichter aus. Der Verein wäre aus dem Profifußball verschwunden und hätte in der Kreisliga C starten müssen, hätten Watzke und der seinerzeit zum dritten Mal amtierende Präsident Reinhard Rauball die Gläubiger nicht überzeugen können.

Letztlich fiel das Votum deutlich zugunsten des BVB aus, weshalb viele Münder behaupten, der 14. März 2005 sei gewissermaßen der zweite Geburtstag des Vereins. Watzke und Rauball stellten Mitarbeiter, Anleger und Fans jedoch darauf ein, dass weitere harte Jahre vor dem Klub liegen würden. So wurde zum Beispiel der Etat für Spieler erheblich gekürzt, und nahezu alle wertvollen Profis wurden zu Geld gemacht. Sportlich hielt sich der BVB mehr schlecht als recht über Wasser, während im Hintergrund alles dem Abbau eines Schuldenbergs von rund

200 Millionen Euro untergeordnet war. Die einzigen Lichtblicke auf dem Platz lieferten einige Jungprofis, die bei vielen Fans große Identifikation stifteten, sowie das Erreichen des DFB-Pokalfinales 2008, das allerdings gegen den FC Bayern mit 1:2 nach Verlängerung verloren ging.

Insgesamt war Borussia Dortmund nach der abgewendeten Insolvenz auf dem Weg, eine »graue Maus« der Bundesliga zu werden. Dann aber gelang Watzke und Sportdirektor Michael Zorc mit der Verpflichtung von Jürgen Klopp als Cheftrainer ein absoluter Meilenstein in der Entwicklung des BVB.

MIT KLOPP ZURÜCK INS GLÜCK

Der vorherige Übungsleiter des FSV Mainz 05 war so etwas wie Everybody's Darling in Fußball-Deutschland, nachdem er die Rheinhessen zum Bundesligaklub geformt und bei der Heim-WM 2006 als Taktikexperte des ZDF mit viel Charme und Humor fungiert hatte. Klopp erkannte im BVB einen schlafenden Riesen, bei dem insbesondere die Wucht des Westfalenstadions, das seit dem 1. Dezember 2005 offiziell Signal Iduna Park heißt, ein ungenutztes Potenzial darstellte.

Der bei seiner Ankunft in Dortmund erst 41 Jahre alte Fußballlehrer stellte in einer ausnehmend harmonischen Zusammenarbeit mit Watzke und Zorc ein junges, hungriges Team zusammen, das die Fans nach einigen kargen Jahren wieder voll auf seine Seite ziehen konnte. Über zwei Spielzeiten nahm der

Klopp-BVB Anlauf, in dieser Zeit etablierten sich die jungen Profis in der Bundesliga und wurden zu einem verschworenen Haufen.

Die Klopp-Saisons beim BVB

- 2008/09 59 Punkte, Platz 6 in der Bundesliga
- 2009/10 57 Punkte, Platz 5 in der Bundesliga
- 2010/11 75 Punkte, deutscher Meister
- 2011/12 81 Punkte, deutscher Meister und DFB-Pokalsieger
- 2012/13 66 Punkte, Platz 2 und Champions-League-Finalist
- 2013/14 71 Punkte, Platz 2 und DFB-Pokalfinalist
- 2014/15 46 Punkte, Platz 7 und DFB-Pokalfinalist

In der Saison 2010/11 erntete der Klub die Früchte dieser Arbeit: Nur wenige Jahre nach der Beinahe-Insolvenz holte Klopp die siebte deutsche Meisterschaft nach Dortmund. In der Folgesaison gelang eine sogar noch bemerkenswertere Leistung. Nicht nur spielte der Titelverteidiger mit 81 Punkten die bis dahin beste Saison der Bundesligageschichte, dank eines furiosen 5:2 über den FC Bayern gelang auch der Sieg im DFB-Pokal – Borussia Dortmund holte das erste Double in der inzwischen über 100-jährigen Vereinshistorie. Viele Beobachter sehen im Pokalendspiel von Berlin die beste Partie der Klopp-Ära bei den Schwarzgelben.

Konkurrenz bot in der folgenden Spielzeit insbesondere der Auftritt des BVB in der Champions League. Die Klopp-Elf setzte sich in der vermeintlichen »Todesgruppe« gegen Ajax Amsterdam, Real Madrid und Manchester City durch, überstand dann K.-o.-Runden gegen Shakhtar Donetsk, den FC Malaga und erneut Real Madrid. Im Finale im Londoner Wembley-Stadion setzte es jedoch eine bittere 1:2-Niederlage gegen den FC Bayern, der damit endgültig die Vormachtstellung im deutschen Fußball wieder an sich reißen konnte.

An diese Höhepunkte der Klopp-Ära reichte der BVB anschließend nicht mehr heran. Im April 2015 kündigte der Erfolgscoach seinen Abschied zum Saisonende an, und damals hatte sich der BVB von unerwarteten Abstiegsängsten nach einer schwachen Hinrunde befreien können. Die zweite goldene Ära der Borussen endete am 30. Mai 2015 mit dem letzten Spiel unter Klopp, einem 1:3 im DFB-Pokalfinale gegen den VfL Wolfsburg.

DIE ZWEITE KRAFT IN DEN JAHREN DES BAYERN-MONOPOLS

Nachfolger von Klopp wurde Thomas Tuchel, der sich zuvor ebenfalls bei Mainz für größere Aufgaben empfehlen konnte. Der Übungsleiter legte zwei starke Saisons hin, in denen jeweils der souveräne Einzug in die Champions League sowie das Erreichen des DFB-Pokalfinales gelangen. 2016 war der FC Bayern im Elfmeterschießen der glückliche Sieger, 2017 bezwang der BVB Eintracht Frankfurt. Nur drei Tage später trennte sich der Klub aufgrund verschiedener Differenzen von Tuchel, mit dem viele Fans nach der innigen Beziehung zu Klopp nie besonders warm geworden waren.

Auch in den folgenden Jahren gelang bis einschließlich der zuletzt abgelaufenen Saison 2021/22 stets der Einzug in die Königsklasse, in der Dortmund nach dem Finale von Wembley allerdings nicht mehr über das Viertelfinale hinausgekommen ist. Dennoch bleiben die Schwarzgelben seit dem Abschied von Klopp die zweite Kraft in der Bundesliga hinter dem Hegemon FC Bayern, der seit dem BVB-Double 2012 jeden Meistertitel eingefahren hat.

Dabei muss sich Dortmund jedoch dem Angriff von RB Leipzig erwehren. Der von vielen Fans als »Retortenklub« verschmähte junge Bundesligist aus Sachsen hat dem BVB schon mehrfach die inoffizielle Vizemeisterschaft zunichtegemacht. Im direkten Duell konnte Dortmund dem Emporkömmling 2021 aber nochmals die Grenzen aufzeigen: Im DFB-Pokalfinale gelang mit einem deutlichen 4:1-Sieg der bislang letzte große Titel der Klubhistorie unter Interimstrainer Edin Terzić.

Er hat das Team zur laufenden Saison 2022/23 als dauerhaft engagierter Chefcoach übernommen. Kurios ist dabei: Erst in seiner zweiten Amtszeit war dem früheren BVB-Fan vergönnt, vor der großen Kulisse im Signal Iduna Park zu arbeiten. Seine Spiele als Interimstrainer hatte Terzić wegen der Covid-19-Pandemie im Jahr 2021 unter Ausschluss der Öffentlichkeit erlebt.

Dass der BVB auch ohne einen Meistertitel seit 2012 den »zweiten Leuchtturm« des deutschen Fußballs darstellt, wie Watzke einst als Sprachregelung eingeführt hat, zeigt ein Blick auf die Bundesligatabelle der zehn Spielzeiten, in denen der FC Bayern München ein Abonnement auf die Meisterschale abgeschlossen hat. In dieser Zeit hat Dortmund satte 85 Punkte mehr geholt als der Drittplatzierte, Bayer Leverkusen. RB Leipzig läge gemessen am Punkteschnitt auf dem Bronze-Rang, wäre der Klub nicht erst 2016 aufgestiegen. Aber auch in dieser Betrachtungsweise liegt der BVB noch recht deutlich vor dem jungen Verein aus Sachsen.

Spitze der Bundesligatabelle seit der Saison 2012/13

Rang	Verein	Punkte	Tore	Punkte pro Spiel
1	FC Bayern München	863	966:284	2,43
2	Borussia Dortmund	683	776:447	1,92
3	Bayer Leverkusen	598	642:464	1,68
4	Borussia Mönchengladbach	551	583:492	1,55
5	VfL Wolfsburg	516	537:496	1,46

WIE ALT IST DER BVB IM NATIONALEN UND INTERNATIONALEN VERGLEICH?

Am 19. Dezember 2022 hat Borussia Dortmund den 113. »Geburtstag« gefeiert. Trotz dieser stolzen Zahl gehört der BVB nicht zu den ältesten der 18 aktuellen Bundesligisten. Dabei ist eine Einordnung bei manchem Konkurrenten der Schwarzgelben nicht ganz leicht. In längst nicht allen Fällen wurde vor langer Zeit ein Klub gegründet, der bis heute in der gleichen Form aktiv ist. Für gewöhnlich sind die heute bekannten Fußballabteilungen jünger als der Gesamtverein, dem sie angehören. Manche Vereine machen sich das durchaus zunutze, um eine größere Tradition zu suggerieren, als tatsächlich besteht.

Das beste Beispiel ist wohl der »kleinere« der Ruhr-Rivalen des BVB in der Bundesliga, der VfL Bochum. Der VfL ist 1938 aus der Fusion dreier Vereine entstanden, hat sich aber als »VfL Bochum 1848« bezeichnet, weil einer der drei Vorgängervereine, der Turnverein 1848, entsprechend früh gegründet wurde. Auch bei der TSG 1899 Hoffenheim ist die Jahreszahl in der Namensgebung irreführend, weil der Klub aus dem Kraichgau in den ersten Jahrzehnten seines Bestehens gar nicht Fußball gespielt hat. Mit Fug und Recht darf sich hingegen Hertha BSC als »Alte Dame« bezeichnen: Am 25. Juli 1892 wurde in Berlin einer der ersten reinen Fußballvereine in Deutschland gegründet.

In der folgenden Übersicht werden der Vergleichbarkeit halber die von den Vereinen selbst geführten Gründungsdaten genutzt. Im Hinterkopf ist dabei zu behalten, dass die heute aktiven

Klubs oftmals aus Fusionen entstanden sind, die für gewöhnlich Jahre nach dem offiziellen Gründungsdatum erfolgt sind. Manche Vereine halten es wie Bochum und geben das Datum eines Vorgängervereins an, andere, wie der 1. FC Köln, feiern ihren »Geburtstag« zum Datum der Fusion.

So alt sind die Bundesligisten der Saison 2022/23

Rang	Verein	Gründungs-datum
1	VfL Bochum	26.07.1848
2	Hertha BSC	25.07.1892
3	VfB Stuttgart	09.09.1893
4	Werder Bremen	04.02.1899
5	Eintracht Frankfurt	08.03.1899
6	TSG Hoffenheim	01.07.1899
7	FC Bayern München	27.02.1900
8	Borussia Mönchengladbach	01.08.1900
9	FC Schalke 04	04.05.1904
10	SC Freiburg	30.05.1904
11	Bayer Leverkusen	01.07.1904
12	FSV Mainz 05	16.03.1905
13	FC Augsburg	08.08.1907
14	Borussia Dortmund	19.12.1909
15	VfL Wolfsburg	12.09.1945
16	1. FC Köln	13.02.1948
17	Union Berlin	20.01.1966
18	RB Leipzig	19.05.2009

Auch im internationalen Vergleich der Topklubs liegt der BVB mit seinen 113 Jahren nicht unter den ältesten Vereinen. Ein großes Wunder ist das freilich nicht, schließlich hat sich der Vereinsfußball überwiegend in Großbritannien entwickelt und wurde von den Briten im Ausland populär gemacht. Die ältesten Spitzenklubs in Europa sind folglich auf den Britischen Inseln sowie in den Ländern zu finden, in denen Aussiedler und Reisende oftmals zunächst Kricketvereine gegründet haben, bei denen die Fußballabteilung anfänglich keine gleichwertige Rolle spielte.

In der nachstehenden Tabelle werden die Gründungsdaten der Vereine aufgelistet, die sich in der Saison 2022/23 wie Borussia Dortmund für das Achtelfinale der Champions League qualifiziert haben. Auch hier werden die von den Klubs selbst angegebenen Daten genutzt, die sich bisweilen auf Vorgängervereine beziehen.

So alt sind die Champions-League-Achtelfinalisten der Saison 2022/23

Rang	Verein	Gründungsdatum
1	Tottenham Hotspur	05.09.1882
2	Club Brügge	13.11.1891
3	FC Liverpool	03.06.1892
4	FC Porto	28.09.1893
5	Manchester City	16.04.1894
6	Eintracht Frankfurt	08.03.1899
7	AC Mailand	16.12.1899
8	FC Bayern München	27.02.1900
9	Real Madrid	06.03.1902
10	Benfica Lissabon	28.02.1904
11	FC Chelsea	10.03.1905
12	Inter Mailand	09.03.1908
13	Borussia Dortmund	19.12.1909
14	SSC Neapel	25.08.1926
15	Paris Saint-Germain	12.08.1970
16	RB Leipzig	19.05.2009

Wir sind alle Dortmunder Jungs
DIE SPIELER DES BVB

»Borussia verbindet Generationen, Männer und Frauen, alle Nationen«, so heißt einer der Leitsprüche des BVB, der auch zum Liedtext eines Fangesangs gehört. Damit drückt der Verein unter anderem seine Haltung gegen Fremdenfeindlichkeit und jede andere Art von Diskriminierung aus.

Nimmt man den Leitspruch wörtlich, lohnt vor allem ein Blick auf die »Nationen«.

Der BVB stellt dabei mit der Entwicklung der Herkunft seiner Spieler keineswegs einen Einzelfall dar. Waren in den Kindertagen der Vereinsgeschichte noch ausschließlich ortsansässige Männer Teil der BVB-Mannschaften, hat sich das über die Jahrzehnte naturgemäß deutlich verändert. Die Entwicklung des Fußballs an sich ist schließlich von der Freizeitbeschäftigung zum Milliardengeschäft vonstattengegangen, da ist es kein Wunder, dass alle Vereine bei der Rekrutierung des spielenden Personals nach und nach weitere Netze gespannt haben.

Borussia Dortmund hat 1969 erstmals einen Spieler aus dem Ausland verpflichtet. Von Partizan Belgrad kam der jugoslawische Abwehrmann Branko Rašović, der in seiner Premierensaison allerdings nur 15 Einsätze absolvieren konnte. Erst 1974 folgte mit dem Ungarn Zoltán Varga der nächste ausländische Neuzugang. Den Angreifer lieh der damalige Zweitligist von Ajax Amsterdam aus, zu zweifelhaftem Ruhm war er zuvor in Deutschland durch die mutmaßliche Involvierung in den Bundesligaskandal von 1971 gekommen. Der DFB sperrte den früheren Publikumsliebling bei Hertha BSC bis 1974 für Spiele in seinem Hoheitsgebiet, in Dortmund löste seine Verpflichtung dennoch eine Euphorie aus: Sein Heimdebüt gegen die DJK Gütersloh sahen beispielsweise rund 42 000 Zuschauer, was für den BVB zu diesem Zeitpunkt ein neuer Heimspielrekord bei einem Ligaspiel war.

Mit Beginn der 1980er-Jahre intensivierte Dortmund die Bemühungen, starke Spieler aus dem Ausland zu verpflichten. Atli Eðvaldsson (Island), Erdal Keser (Türkei), Murdo MacLeod (Schottland) und Marcel Rǎducanu (Rumänien) sind die prominentesten ausländischen Profis aus diesem Jahrzehnt beim BVB.

Ab den 1990er-Jahren haben die Verantwortlichen von Borussia Dortmund phasenweise sogar vornehmlich Spieler geholt, die keinen deutschen Pass besaßen. Júlio César (Brasilien), Stéphane Chapuisat (Schweiz), Wolfgang Feiersinger (Österreich), Paul Lambert (Schottland) und Paulo Sousa (Portugal) etwa waren wichtige Spieler im Kader der Saison 1996/97, die mit dem Triumph in der Königsklasse über Juventus Turin den Höhepunkt der Klubgeschichte mit sich brachten.

Ein Jahr später holte der BVB neben anderen Spielern den brasilianischen Linksverteidiger Leonardo de Deus Santos, genannt Dedê , nach Dortmund. Der 20-Jährige hielt dem Klub 13 Jahre lang die Treue, ist bis heute mit annähernd 400 Einsätzen in allen Wettbewerben Rekordausländer der Borussia.

Insgesamt stellt Brasilien die größte Fraktion an nicht-deutschen Spielern des BVB, zwölf Profis aus dem Land des

Rekordweltmeisters haben auch die meisten Spiele für den Verein absolviert. Die meisten Tore entfallen jedoch auf insgesamt acht Spieler aus Polen, wobei Robert Lewandowski mit 103 Treffern klar die meisten von allen Polen beim BVB erzielt hat.

In den folgenden Übersichten werden nur Spieler ohne deutschen Pass berücksichtigt beziehungsweise Spieler, die zwar auch einen deutschen Pass besitzen, aber für andere Nationen Länderspiele bestritten haben.

Die Rekordausländer unter den BVB-Profis

Rang	Name	Nationalität	Spiele	Von-bis
1	Dedê	Brasilien	398	1998–2011
2	Łukasz Piszczek	Polen	382	2010–2021
3	Stéphane Chapuisat	Schweiz	284	1991–1999
4	Nuri Şahin	Türkei	274	2005–2018
5	Neven Subotić	Serbien	263	2008–2018
6	Jakub Błaszczykowski	Polen	253	2007–2016
7	Roman Bürki	Schweiz	233	2015–2022
8	Shinji Kagawa	Japan	216	2010–2019
9	Pierre-Emerick Aubameyang	Gabun	213	2013–2018
10	Raphaël Guerreiro	Portugal	210	Seit 2016

Die meisten Spiele
nach ausländischen Nationen

Rang	Nationalität	Spiele	Spieler	Tore
1	Brasilien	1254	12	149
2	Schweiz	968	8	171
3	Polen	922	8	182
4	Türkei	487	11	57
5	Tschechien	409	3	107
6	Belgien	366	5	43
7	Dänemark	341	5	33
8	England	258	3	70
9	USA	252	6	33
10	Portugal	246	2	39

DIESE NATIONEN HABEN GENAU EINEN BVB-PROFI GESTELLT

Während sich also Brasilianer, Schweizer, Polen oder Türken bei Borussia Dortmund bisweilen sprichwörtlich die Klinke in die Hand gegeben haben, stellen andere Nationen sozusagen die Exoten beim BVB dar.

Aus gleich 18 Ländern hat bislang jeweils nur genau ein Spieler den Weg ins Stadion des BVB gefunden. Darunter befinden sich absolute Leistungsträger und teure Einkäufe, aber auch einige weitgehend in Vergessenheit geratene Kicker, die eher ein Intermezzo absolviert denn große Spuren hinterlassen haben.

Pierre-Emerick Aubameyang allein hat mit seinen 141 Toren im BVB-Dress dafür gesorgt, dass sein Heimatland Gabun nur von drei anderen ausländischen Nationen unter den treffsichersten bei den Schwarzgelben überboten wird; neben Spitzenreiter Polen sind das die Schweiz und Brasilien.

Im Vergleich dazu verblasst Patrick Kohlmann, der ein einziges Bundesligaspiel für die BVB-Profis absolvieren durfte. 2004 kam der Außenverteidiger bei einer Niederlage gegen den 1. FC Kaiserslautern als Einwechselspieler zum Einsatz. Weil Kohlmann einst Juniorennationalspieler von Irland war, wird er in der Ausländerstatistik des Klubs geführt, obwohl er geborener Dortmunder ist und einen deutschen Namen trägt.

Besonders überraschend ist, dass bisher mit Alexander Isak nur ein Schwede beim BVB aufgeschlagen ist, denn normalerweise erfreuen sich Fußballer aus dem skandinavischen Land in der Bundesliga durchaus großer Beliebtheit.

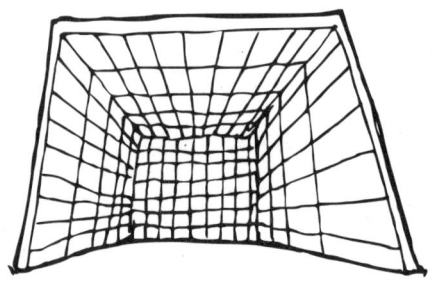

Nationen mit genau einem BVB-Spieler

Nationalität	Name	Spiele	Tore	Von–bis
Algerien	Ahmed Madouni	82	3	2001–05
Armenien	Henrikh Mkhitaryan	140	41	2013–16
Ägypten	Mohamed Zidan	73	15	2008–12
Bulgarien	Dimitar Rangelov	14	1	2009–11
Gabun	Pierre-Emerick Aubameyang	213	141	2013–18
Griechenland	Sokratis Papastathopoulos	198	10	2013–18
Irland	Patrick Kohlmann	1	0	2004
Jamaika	Daniel Gordon	9	0	2007–08
Kamerun	Patrick Njambe	2	0	2007
Kolumbien	Adrian Ramos	79	19	2014–17
DR Kongo	Kosi Saka	11	0	2006–07
Marokko	Achraf Hakimi	73	12	2018–20
Rumänien	Marcel Răducanu	186	35	1982–88
Schweden	Alexander Isak	13	1	2017–19
Senegal	Abdou Diallo	38	1	2018–19
Togo	Bachirou Salou	29	6	1998–99
Ukraine	Andrij Jarmolenko	26	6	2017–18
Uruguay	Ruben Sosa	27	3	1995–96

Bei Borussia Dortmund haben derweil Spieler von allen besiedelten Weltteilen Profieinsätze absolviert.

Stellt man sich die BVB-Spieler auf einer Weltkarte vor, stehen die folgenden Fußballspieler stellvertretend für die vier Himmelsrichtungen:

- ✈ Norden: Magnus Helgi Bergs und Atli Eðvaldsson aus Reykjavik, Island
- ✈ Osten: Ned Zelić aus Sydney, Australien
- ✈ Süden: Diego Klimowicz aus Quilmes, Argentinien
- ✈ Westen: Jovan Kirovski aus Escondido, Vereinigte Staaten

DORTMUNDER JUNGS

»Dortmunder Jungs, Dortmunder Jungs, wir sind alle Dortmunder Jungs«, so lautet der kurze Text eines der beliebtesten Fangesänge im Signal Iduna Park. Dabei beziehen die Anhänger des BVB alle Besucher des Stadions ein, jedenfalls die, die es mit ihrem Verein halten, und auch alle Spieler. Es ist sozusagen eine Einladung zur Identifikation mit dem Klub, der in seiner Stadt so eng verwurzelt ist. Ein Kicker muss nicht in Dortmund geboren sein, um zu den »Dortmunder Jungs« zu gehören.

Besonders gerne wird das Lied freilich angestimmt, wenn ein waschechter Dortmunder, also ein Mitglied der »Dortmunder Jungs« im wörtlichen Sinne, auf dem Platz Topleistungen zeigt.

Als es noch nicht die Fankultur im heutigen Sinn gab und von den Zuschauerrängen eher selten konzertierte Gesänge ertönten, war es ganz normal, dass oft sogar ausschließlich geborene Dortmunder auf dem Feld standen. Im Zuge der Professionalisierung des BVB und des Fußballs allgemein ist es hingegen zur Ausnahme geworden, dass Spieler aus dem Kader der Schwarzgelben für den Verein ihrer Geburtsstadt spielen.

In der Klubhistorie haben zahlreiche elementar wichtige Spieler aus Dortmund ihre Spuren beim BVB hinterlassen. Hier folgt eine Auswahl.

August Lenz, geboren 1910, gestorben 1988

Lenz wurde 1935 als Stürmer eines damals zweitklassigen BVB der erste Nationalspieler in der Vereinsgeschichte. Zuvor hatte er zeitweise auch das Tor der Dortmunder Borussia gehütet. Nach dem 2. Weltkrieg wurde Lenz der Kapitän des BVB. Bis heute gilt er als einer der wichtigsten Spieler in der frühen Geschichte des Vereins. Die Ultra-Gruppierung »The Unity« hat sein stilisiertes Konterfei im Wappen.

Alfred Schmidt, geboren 1935, gestorben 2016

Der Mittelfeldspieler wurde ausschließlich »Aki« gerufen und war Teil der Mannschaften, die in den 1950er- und 1960er-Jahren die ersten großen Titel des BVB holen konnten. Zudem trug er als erster Dortmund-Spieler die Kapitänsbinde der deutschen Nationalmannschaft. Nach der aktiven Laufbahn wurde Schmidt Fanbeauftragter und Kassenwart des BVB.

Hans Tilkowski, geboren 1935, gestorben 2020

Der Torwart hatte schon über 200 Spiele für Westfalia Herne auf dem Konto, als er 1963 zum BVB stieß. Vielen Experten gilt er als bester Schlussmann, den Dortmund je hatte. 1965 wurde er als erster Spieler von Schwarzgelb zum Fußballer des Jahres in Deutschland gekürt.

Lothar Emmerich, geboren 1941, gestorben 2003

Der Angreifer mit der gefürchteten »linken Klebe« gilt als einer der besten Spieler, die je für den BVB aufgelaufen sind. Viele seiner Rekorde hatten auch nach dem Abschied aus Dortmund im Jahr 1969 teilweise noch Jahrzehnte Bestand. Die Bedeutung von »Emma«, wie der 2003 viel zu früh verstorbene Emmerich genannt wurde, zeigt auch, dass das Klubmaskottchen, eine Biene, nach ihm benannt wurde.

Dieter Kurrat, geboren 1942, gestorben 2017

Der Mittelfeldspieler war wegen seiner Pferdelunge und seines großen Herzens bei kleiner Statur ungemein beliebt. Kurrat, liebevoll »Hoppy« genannt, maß nur 1,62 Meter. Er war der letzte Europapokalsieger von 1966, der dem BVB die Treue sogar nach dem Abstieg in die Zweitklassigkeit hielt und lukrative Vereinswechsel aus Liebe zum Klub ausschlug.

Michael Zorc, geboren 1962

Zorc ist das, was man im modernen Fußball einen One-Club-Man nennt, das heißt, er hat seine gesamte Profikarriere beim BVB verbracht. Der torgefährliche Mittelfeldspieler hält bis heute zahlreiche Rekorde bei der Dortmunder Borussia, die er auch nach der aktiven Laufbahn entscheidend geprägt hat. Als verantwortlicher Sportdirektor hat »Susi«, wie Zorc dank seiner Lockenpracht in jungen Jahren genannt wurde, von 2005 bis 2022 alle Höhen und Tiefen mitgestaltet, schon unmittelbar nach dem Karriereende hatte der BVB ihn ins Management geholt.

Lars Ricken, geboren 1976

Auch Ricken hat seine gesamte Laufbahn beim BVB verbracht und ist anschließend als Nachwuchskoordinator erhalten geblieben. Anfang der 1990er-Jahre galt er als Wunderkind des deutschen Fußballs. Letztlich ist er diesen Lorbeeren wohl nicht ganz gerecht geworden, seine Karriere kann sich trotzdem sehen lassen. Nicht zuletzt, weil Ricken im Champions-League-Endspiel 1997 das vielleicht berühmteste Tor der BVB-Geschichte erzielt hat.

Kevin Großkreutz, geboren 1988

Großkreutz hat den Traum fast aller BVB-Fans in die Wirklichkeit umgesetzt: Von der Südtribüne des Westfalenstadions schaffte es der Allrounder zu den Profis auf den Platz. Unter Klopp war er einer der wichtigsten Rollenspieler, 2014 wurde Großkreutz sogar Weltmeister mit Deutschland.

Marco Reus, geboren 1989

Reus ist der aktuelle Vertreter der »Dortmunder Jungs« im BVB-Kader. 2012 von Borussia Mönchengladbach zu seinem Jugendklub zurückgekehrt, hat sich der offensive Mittelfeldspieler angeschickt, einige Rekorde aufzustellen. Seit 2018 ist der oft verletzungsgeplagte Publikumsliebling der Schwarzgelben Mannschaftskapitän; nahezu alle Fans hoffen, dass er als solcher eines möglichst noch fernen Tages seine Karriere beenden wird.

DIE ENTWICKLUNG DER »LEGIONÄRE«

Wie bereits erwähnt, war Branko Rašović 1969 der erste Ausländer der noch jungen Bundesligahistorie von Borussia Dortmund, und die Entwicklung mit den sogenannten »Legionären« hat erst ab den 1980er-Jahren an Fahrt aufgenommen. Inzwischen halten sich deutsche und ausländische Profis bei den meisten Klubs in der Bundesliga mehr oder weniger die Waage, und so ist es auch beim BVB.

Im Bundesligakader der laufenden Saison 2022/23 etwa stehen 16 »Legionäre« 17 einheimischen Spielern gegenüber, der

Ausländeranteil beträgt damit knapp 48,5 Prozent. Damit bewegt sich Dortmund im unteren Mittelfeld der aktuellen Erstligisten. Bei mehreren Vereinen liegt der Anteil ausländischer Spieler deutlich über der Hälfte, bei Bayer Leverkusen sind es beispielsweise mehr als 71 Prozent.

Auch beim BVB lag der Anteil an Spielern, die nicht aus Deutschland stammen oder für andere Nationalmannschaften spielen, in der Vergangenheit bereits über 50 Prozent. Zum Beispiel waren in der Saison 2019/20 20 von 37 Profis im (erweiterten) BVB-Aufgebot nicht für die deutsche Nationalmannschaft spielberechtigt.

Beim BVB hat es aber noch nie den Fall gegeben, dass eine Startelf ohne einen deutschen Spieler auf dem Feld stand. In der Saison 2000/01 sorgte Energie Cottbus das erste Mal für ein solches Spiel in der Bundesliga – und nicht zuletzt auch für erhebliche Diskussionen. Bis heute sind durch Hertha BSC im Jahr 2008, den 1. FC Köln 2009, Eintracht Frankfurt 2017 sowie RB Leipzig 2019, 2020 und 2021 insgesamt weitere sieben Fälle hinzugekommen, in denen eine Mannschaft zu Beginn eines Bundesligaspiels auf deutsche Spieler komplett verzichtete.

Borussia Dortmund kam dem in den Spielzeiten 2017/18 und 2018/19 allerdings sehr nahe: Am 5. beziehungsweise 8. Spieltag der genannten Saisons standen jeweils zehn ausländische Profis aus neun verschiedenen Nationen auf dem Feld.

Bei einem 3:0-Sieg gegen den Hamburger SV am 20. September 2017 verhinderte Gonzalo Castro, dass ausschließlich ausländische Spieler für den BVB zum Anpfiff auf dem Rasen standen; 13 Monate später war es Reus, der bei einem 4:0-Sieg gegen den VfB Stuttgart als einziger Deutscher in der Startelf zu finden war.

Die Startelf 2017 gegen den HSV

Bürki (Schweiz); Piszczek (Polen), Toprak (Türkei), Papastatho-poulos (Griechenland), Zagadou (Frankreich); Castro (Deutsch-land), Şahin (Türkei), Kagawa (Japan); Jarmolenko (Ukraine), Aubameyang (Gabun), Pulisic (USA); Trainer Peter Bosz (Niederlande)

Die Startelf 2018 gegen den VfB

Bürki (Schweiz); Piszczek (Polen), Zagadou (Frankreich), Diallo (Senegal), Hakimi (Marokko); Delaney (Dänemark), Witsel (Belgien); Sancho (England), Reus (Deutschland), Bruun Larsen (Dänemark); Alcácer (Spanien); Trainer Lucien Favre (Schweiz)

WIE WAR NOCH MAL DER NAME?

Der geläufigste Nachname in Deutschland ist »Müller«, als der geläufigste Vorname unter Männern gilt »Thomas«. Kein Wunder also, dass einer der wichtigsten Spieler des FC Bayern in den vergangenen Jahren genau auf diese Kombination hört und er ein Namensvetter zum Beispiel von Gerd Müller ist.

Bei Borussia Dortmund ist in der Nachkriegszeit hingegen nur ein Müller zum Einsatz gekommen: Lars Müller hinterließ zwischen 1995 und 1997 keine gewaltigen Spuren, der Stürmer blieb in sechs Einsätzen für Schwarzgelb ohne eigenes Tor. Den Vornamen Thomas gab es hingegen im Kader des BVB bisher schon achtmal, und zwar in den Fällen von Thomas Delaney, Thomas Meunier und Tomáš Rosický, allerdings nicht in der deutschen Form. Ersterer war ein Mittelfeldmann aus Dänemark mit britischen Wurzeln, zweiterer ist ein bis heute beim BVB aktiver Außenverteidiger aus dem französischsprachigen Teil Belgiens; letzterer war ein Spielgestalter aus Tschechien.

Mit acht BVB-Spielern reicht es »Thomas« nur für den geteilten dritten Rang. Die meisten Akteure der Schwarzgelben seit dem Ende des Zweiten Weltkriegs hießen »Jürgen« und »Wolfgang«.

Die häufigsten Vornamen beim BVB

Rang	Name	Häufung
1	Jürgen	9 ×
1	Wolfgang	9 ×
3	Klaus	8 ×
3	Thomas	8 ×
3	Werner	8 ×

Unter den Nachnamen liegt Meyer mit vier BVB-Spielern aus der Nachkriegszeit ganz vorn: Alexander, Friedhelm, Herbert und Rolf Meyer teilen sich diesen Nachnamen und seine Schreibweise. Einen Maier, Mayer oder Meier sucht man indes unter den Dortmunder Kickern vergeblich.

Drei weitere Nachnamen haben immerhin jeweils drei Spieler der Borussen getragen: Schmidt (Alfred, Bodo und Helmut), Schneider (René, Theo und Werner) sowie Schulz (Michael, Nico und Rudolf).

Den kürzesten bürgerlichen Namen aller BVB-Spieler teilen sich der deutsche Mittelfeldmann Emre Can und der türkische Angreifer Emre Mor mit jeweils sieben Buchstaben. Sie haben auch gemeinsam mit dem russischen Offensivspieler Wladimir But, dem koreanischen Außenverteidiger Lee Young-pyo sowie dem deutschen Torwart Günter Rau die kürzesten Nachnamen unter den Fußballern in Schwarzgelb.

»Dedê« als Rufname von Leonardo de Deus Santos ist der kürzeste BVB-Name im allgemeinen Sprachgebrauch gewesen. Die kürzesten Vornamen waren allesamt mit drei Buchstaben versehen: Guy Demel, Uwe Grauer, Jan Koller, Max Michallek, Uwe Michel, Ulf Raschke, Tom Rothe und Ned Zelić.

Den längsten Namen trug unter den BVB-Profis indes der gabunische Torjäger Pierre-Emerick Emiliano François Aubameyang.

Aubameyang ist zudem auch Teil einer Mannschaft gewesen, die in Kommentatorenkreisen phasenweise als »die Unaussprechlichen« bezeichnet wurde. Zu diesem Team gehörten neben Aubameyang beispielsweise der griechische Abwehrmann Sokratis Papastathopoulos; der polnische Außenverteidiger Łukasz Piszczek und sein Vorder- wie Landsmann auf der rechten Seite, Jakub Błaszczykowski; der deutsche Mittelfeldspieler İlkay Gündoğan und sein etwas offensiverer Kollege aus Armenien, Henrikh Mkhitaryan. Gerade für ausländische Kommentatoren boten Einsätze bei Spielen von Dortmund in dieser Hinsicht gewisse Stolperfallen.

DREI ALFREDOS, EINE KOBRA UND SUSI – DIE SPITZNAMEN DER BVB-SPIELER

Für Kommentatoren fällt dabei auch das Stützrad weg, dessen sich Fans, aber auch Kollegen bei Spielern mit schwer auszusprechenden Namen behelfen können: Spitznamen sind für den täglichen Sprachgebrauch im Fußball schon seit jeher üblich.

Egal, ob es sich um eine Abwandlung des Vor- oder Nachnamens handelt, eine Charaktereigenschaft herangezogen oder eine Äußerlichkeit beschrieben wird – viele Kicker mit einem Spitznamen haben bei Borussia Dortmund Geschichte geschrieben. Es folgt eine Auswahl besonderer Spitznamen aus 113 Jahren BVB.

Der »Ölprinz«

Helmut Bracht hörte sogar gleich auf zwei Spitznamen. Den Mittelfeldspieler riefen schon in jungen Jahren alle bloß »Jockel«, durch seine spätere Berufswahl kam noch der »Ölprinz« hinzu. Denn Bracht war gelernter Mineralöl-Kaufmann und führte eine Agentur des Shell-Konzerns. Mit Fußball allein konnte der dreifache deutsche Meister vor der Einführung der Bundesliga schließlich nicht genug Geld verdienen.

Die drei Alfredos

Alfred »Adi« Preißler, Alfred Niepieklo und Alfred »Freddy« Kelbassa formten in den 1950er-Jahren ein gefürchtetes Dreigestirn des BVB. Über die Grenzen Westdeutschlands hinaus wurden die drei Spieler gleichen Vornamens bekannt, als die Borussia aus Dortmund ihre ersten deutschen Meisterschaften feiern konnte. Bei den gewonnenen Endspielen 1956 gegen den KSC und 1957 gegen den HSV erzielte das Trio sieben der insgesamt acht Dortmunder Treffer.

»Emma«

Bei der Frage nach dem besten Spieler der BVB-Historie werden ältere Semester unter den Anhängern des Klubs darauf bestehen, dass der Name von Lothar »Emma« Emmerich fällt. Der zweifache Torschützenkönig der Bundesliga war einer der ersten international bekannten Spieler der Schwarzgelben, nachdem er unter anderem bei der WM 1966 mit einem Tor aus schier unmöglichem Winkel gegen Spanien auf sich aufmerksam gemacht hatte.

»Siggi«

Mit der Verpflichtung von Sigfried »Siggi« Held betrat der BVB vor der Saison 1965/66 Neuland, denn der Angreifer von den Kickers Offenbach war der erste Spieler, den der Verein nach der Bundesligagründung von weiter weg holte. Zuvor kamen alle Aktiven aus dem Ruhrgebiet oder angrenzenden Regionen. Mit Held gelang ein Glücksgriff, nicht nur aus sportlicher Sicht. Der pfeilschnelle Offensivspieler wird ein eminent wichtiger Spieler und fungiert ab 2007 als Fanbeauftragter des Klubs.

»Susi«

Wenn jemand die Bezeichnung »Mr. Borussia Dortmund« führen könnte, wäre es Michael Zorc. Als Profi wird aus dem torgefährlichen Mittelfeldmann eine der absolut prägenden Figuren über fast zwei Jahrzehnte, die auch Kapitän der Topmannschaften in den 1990er-Jahren war. Anschließend übernimmt er sogar für über 20 Jahre Aufgaben im Management seines Herzensklubs. »Susi« wird Zorc dabei genannt, weil er in jungen Jahren eine lange Lockenpracht auf dem Kopf trägt. Mitspieler Rolf Rüssmann meinte den Spitznamen wohl weniger ehrenvoll, als er bis heute genutzt wird.

»Kobra«

Ob es den BVB in seiner heutigen Form ohne Jürgen Wegmann gäbe, muss bezweifelt werden. Sein Treffer in der Relegation gegen Fortuna Köln im Jahr 1986 hat einen Abstieg in wirtschaftlich angespannter Lage verhindert. Der Stürmer gehört dabei zu den wenigen Spielern, die sich den Spitznamen selbst zuschreiben können: Er wurde ihm verpasst, nachdem er in einem Interview äußerst sympathisch, aber grammatikalisch nicht ganz korrekt wissen ließ: »Ich bin giftiger wie die giftigste Schlange.«

»Stoffel«

Ein weiterer Vertreter der Dortmunder Jungs beim BVB war Stefan Klos, in den 1990er-Jahren die unumstrittene Nummer eins im Tor von Schwarzgelb. Anders als so viele Kollegen auf dieser besonderen Position in einer Mannschaft war Klos ein ruhiger Zeitgenosse, der zuverlässig seine Leistung erbrachte und auch ansonsten absolute Bodenständigkeit ausstrahlte. Die Mitspieler nannten ihren Schlussmann deshalb liebevoll »Stoffel«.

»Motzki«

Ganz anders als Klos war Matthias Sammer beim BVB als absoluter Lautsprecher bekannt und unter Gegnern und Schiedsrichtern bisweilen auch gefürchtet. Weil der womöglich beste Spieler, den Dortmund in den Neunzigern hatte, unabhängig von der Situation nie ein Blatt vor den Mund nahm, haben sich gleich mehrere Spitznamen für ihn etabliert. »Motzki« ist dabei bis heute hängen geblieben, und wegen seiner roten Haare (und dem ein oder anderen Platzverweis) war Sammer auch als »Roter Baron« bekannt.

»Air Riedle«

Karl-Heinz Riedle hat sich in erster Linie mit einem Spiel unsterblich gemacht: Im Champions-League-Finale gegen Juventus Turin 1997 traf der Weltmeister von 1990 doppelt. Das zwischenzeitliche 2:0 war dabei die Spezialität von Riedle – ein wuchtiger Kopfball. Für seine Qualitäten in der Luft bekam der mit 1,79 Metern gar nicht so große Stürmer den Spitznamen »Air Riedle« verpasst. Übrigens hat Riedle seinen Doppelpack beim Überraschungserfolg mit Schmerzen bezahlt: Er brach sich im Spiel den Zeh und musste ausgewechselt werden.

»Schnitzel«

Die Verpflichtung von Tomáš Rosický im Winter 2000 für eine damalige Rekordablöse in der Bundesliga sorgte bei BVB-Fans für Furore, immerhin galt der Tscheche als Wunderkind. Allerdings wirkte der Spielmacher tatsächlich anfänglich wie ein Junge, der für den Profifußball in Deutschland noch nicht gebaut war. Die Empfehlung, Rosický solle ordentlich futtern, hat ihm den Spitznamen »Schnitzel« eingebracht.

»Papa«

Über Sokratis Papastathopoulos als einen der Unaussprechlichen beim BVB wurde bereits berichtet. Sein Nachname war für die Beflockung des Trikots von Dortmund schlicht zu groß, weswegen er den Vornamen Sokratis aufdrucken ließ. Bei Fans und Kollegen firmierte der beinharte Abwehrmann aber nur als »Papa«. Das passte, weil der Grieche ein strenger Manndecker war und eine stoische Ruhe ausstrahlte, wie sie bei Familienvätern oft zu beobachten ist. Papastathopoulos ließ sich auch auf Späße ein: 2014 sang der musikalisch offenkundig nicht außerordentlich begabte Nationalspieler von Hellas für ein Video in den sozialen Medien eine Parodie-Version von »Lass das mal den Papa machen« aus dem Soundtrack zu *Stromberg – Der Film*.

ACH, DER WAR AUCH MAL BEIM BVB?

Dass es auf diesen Seiten größtenteils um Spieler geht, die die Geschicke von Borussia Dortmund geprägt haben, liegt auf der Hand. Allerdings war für viele Kicker der Klub nur so etwas wie eine Durchlaufstation. Bei manchen Spielern ist regelrecht in Vergessenheit geraten, dass sie einst für die Schwarzgelben aufgelaufen sind, zum Beispiel, weil sie bei anderen Vereinen unter den Legenden gezählt werden. Es folgt eine kleine Auswahl an Profis, an deren Zeit beim BVB sich kaum jemand erinnert.

Thomas Häßler, 1998 bis 1999

Der Welt- und Europameister sowie zweifache Fußballer des Jahres in Deutschland sollte Dortmund mit seiner tollen Technik gemeinsam mit Andreas Möller Spielwitz verleihen. Schnell wurde jedoch klar: Im offensiven Mittelfeld war nur für einen der beiden Platz. Die Ikone des 1. FC Köln ging nach einer enttäuschenden Saison zu 1860 München und stellte dort einige Jahre lang unter Beweis, noch nicht zum alten Eisen zu gehören.

Horst Hrubesch, 1985 bis 1986

Das »Kopfballungeheuer« aus Hamm bringen Fußballfans in erster Linie mit dem Hamburger SV in Verbindung und sicher auch mit RW Essen. Sein Wechsel zum BVB war eine Rückholaktion aus dem Ausland, zwei Jahre zuvor war der Stürmer zu Standard Lüttich gegangen. In Dortmund gelangen Hrubesch nur zwei Tore in 17 Spielen, ehe er seine Karriere verletzungsbedingt beendete.

Erwin Kostedde, 1976 bis 1978

Der Münsteraner ist der deutschen Fußballöffentlichkeit hauptsächlich als erster schwarzer Nationalspieler der DFB-Geschichte ein Begriff. Im Vereinsfußball war Kostedde an vielen Orten aktiv, darunter fallen auch zwei Jahre beim BVB, der den

Stürmer nach dem Wiederaufstieg in die Bundesliga von Hertha BSC holen konnte. Seine größten Spuren hat Kostedde aber wohl bei den Kickers Offenbach und Werder Bremen hinterlassen.

Bernd Krauss, 1976 bis 1977

Krauss ist vielen BVB-Fans aus der ziemlich missratenen Spielzeit 1999/2000 bekannt, als er ein Intermezzo auf der Trainerbank hinlegte. Obwohl der spätere österreichische Nationalspieler sogar in Dortmund geboren wurde, ist er vor allem bei Borussia Mönchengladbach unter den bekannteren Profis zu zählen, zumal er dort auch als Trainer erfolgreich war. Für den BVB hat Krauss 1977 ein einziges Spiel absolvieren dürfen.

Christian Nerlinger, 1998 bis 2001

Der Mittelfeldmann war zwar drei Jahre beim BVB und hat in dieser Zeit 59 Spiele absolviert. Dennoch erinnert sich der Großteil der Fußballfans im Land sicher eher an Nerlinger als Spieler und späteren Sportdirektor des FC Bayern. In Dortmund dürfte sein Vater Helmut Nerlinger schon eher Spuren hinterlassen haben, immerhin war er Stammkraft in den schwierigen Jahren der 2. Bundesliga in den 1970er-Jahren.

Toni Schumacher, 1996

Der einstige Weltklassetorwart stellt einen Sonderfall dar, denn eigentlich war seine Karriere beim einzigen Einsatz für den BVB schon lange beendet. Am letzten Spieltag der Meistersaison 1995/96 schickte Ottmar Hitzfeld die Klublegende des 1. FC Köln für einige Minuten aufs Feld; damit wechselte der Chefcoach seinen Torwarttrainer ein, der nur für den absoluten Notfall überhaupt eine Spielerlaubnis aufrechterhielt.

VON METHUSALEMS UND BENJAMINS

Apropos Schumacher: Durch seinen Einsatz, der mehr oder minder spaßeshalber erfolgte, wurde der Schlussmann auch der mit erheblichem Abstand älteste Spieler, den Dortmund in der Nachkriegszeit in einem Pflichtspiel eingesetzt hat.

Der 42. Geburtstag von Schumacher lag bei seiner Einwechslung gegen den SC Freiburg mehr als zwei Monate zurück. Auch im Vergleich aller Bundesligaprofis landet Schumacher durch seinen Einsatz für den BVB weit vorn: Nur Klaus Fichtel (FC Schalke 04) und Ulrich Stein (Arminia Bielefeld) waren 1988 beziehungsweise 1997 noch älter als der Torwarttrainer, der zum Spieler mutierte.

Schumacher hat über dreieinhalb Jahre mehr auf dem Buckel gehabt als sein erster »Verfolger« beim BVB, August Lenz, der 1949 in der Endrunde der deutschen Meisterschaft knapp über

38,5 Jahre alt war. Drei weitere Spieler des BVB waren im Alter von über 38 Jahren für den Klub noch im Einsatz, aber all das liegt bereits Jahrzehnte zurück. In jüngeren Zeiten ist Torwart Roman Weidenfeller einem Einsatz mit mindestens 38 Jahren noch am nächsten gekommen, bei seinem letzten Mal zwischen den Pfosten war er 2018 knapp ein Vierteljahr davon entfernt. Standardmäßig spielt Dortmund zwischenzeitlich aber seit Jahren schon mit »Methusalems« auf dem Platz, die eher Anfang als Mitte 30 sind.

Die ältesten BVB-Spieler der Nachkriegszeit

Rang	Name	Jahr	Alter
1	Toni Schumacher	1996	42,2
2	August Lenz	1949	38,5
3	Alfred Preißler	1959	38,3
4	Alfred Kelbassa	1963	38,3
5	Heinrich Kwiatkowski	1964	38,2

Sicher lässt sich sagen, dass der Einsatz älterer Spieler im Verlauf der Jahrzehnte nicht zuletzt wegen der zunehmenden Professionalisierung des Fußballs seltener geworden ist. Schließlich ist das Spiel deutlich athletischer geworden, und mithin ist körperliche Fitness eine Grundvoraussetzung, um auf hohem Niveau bestehen zu können.

Passenderweise lässt sich bei den jungen Spielern ein gegenteiliger Trend feststellen: Während die nachkommenden Talente in vergangenen Jahrzehnten oftmals lange auf ihre Chance warten mussten, werden sie seit einigen Jahren mehr und mehr gefördert. Einen wichtigen Faktor stellt dabei die Arbeit in den Nachwuchsleistungszentren dar, die für die Erteilung einer Lizenz in den oberen Wettbewerben des deutschen Ligasystems verpflichtend sind.

Borussia Dortmund ist dabei schon lange ein Vorreiter der Nachwuchsarbeit und freut sich besonders, immer wieder ganz jungen Spielern die ersten Schritte im Profifußball zu ermöglichen. Der BVB hält dabei auch einen Rekord, der nach aktueller Lage der Regularien kaum zu brechen ist: Stürmer Youssoufa Moukoko kam im November 2020 bei einem 5:2-Sieg über Hertha BSC einen Tag nach seinem 16. Geburtstag zu seinem Debüt in der Bundesliga.

Ein Toptalent müsste seinen ersten Einsatz im deutschen Oberhaus gewissermaßen als Geburtstagsgeschenk bekommen, um an Moukoko vorbeizuziehen. Dafür, dass der Torjäger überhaupt so früh spielen durfte, hat sich der BVB vehement eingesetzt. Dortmund war bei der notwendigen Änderung der Regularien federführend. Zuvor brauchte es eine Ausnahmegenehmigung, um bereits vor dem 17. Geburtstag in der Bundesliga mitwirken zu dürfen.

Eine solche hatte im Jahr 2005 Nuri Şahin zum bis dato jüngsten Spieler des BVB und der Bundesliga werden lassen. Der spätere türkische Nationalspieler hält bis heute Rang zwei hinter

Moukoko in der internen »Benjamin«-Wertung. Bemerkenswert ist dabei, dass neben Moukoko mit Giovanni Reyna und Jude Bellingham zwei weitere der fünf jüngsten Bundesligaspieler des BVB im Jahr 2020 ihr Debüt feierten.

Die jüngsten BVB-Spieler der Nachkriegszeit

Rang	Name	Jahr	Alter
1	Youssoufa Moukoko	2020	16
2	Nuri Şahin	2005	16,8
3	Ibrahim Tanko	1994	17,1
4	Giovanni Reyna	2020	17,2
5	Jude Bellingham	2020	17,2

EHRE, WEM EHRE GEBÜHRT

Über die besten oder wichtigsten Spieler eines Fußballvereins kann man trefflich und überaus lange diskutieren. Eine Ruhmeshalle, neudeutsch gerne auch Hall of Fame genannt, gibt es bei Borussia Dortmund, anders als bei manch anderem Verein, nicht. Stattdessen hat der Klub im Jahr 2009 anlässlich seines 100. Jubiläums von der Regionalzeitung *Ruhr Nachrichten*, einem offiziellen Medienpartner des Vereins, einen sogenannten Walk of Fame geschenkt bekommen.

Auf ursprünglich 100 in den Boden eingelassenen Steinen

wird seither im Dortmunder Stadtgebiet wichtiger Momente und Personen in der BVB-Historie gedacht. Zwischenzeitlich hat der Klub weitere Steine verlegen lassen. Wer den gesamten Weg, der in seiner Art an den Hollywood Walk of Fame erinnert, hinter sich legt, wird 43 wichtige Spieler des BVB verewigt sehen.

Dabei handelt es sich hauptsächlich um die in den 1950er- und 1960er-Jahren erfolgreichen Spieler sowie die Mitglieder der Champions-League-Siegermannschaft von 1997. Als bislang letztem Profi von Borussia Dortmund wurde dem heutigen Sportdirektor Sebastian Kehl im Jahr 2014 diese große Ehre zuteil.

Diese Spieler sind auf dem »BVB Walk of Fame« verewigt

August Lenz	Heinrich Kwiatkowski	Alfred Preißler	Alfred Kelbassa
Alfred Niepieklo	Elwin Schlebrowski	Helmut Bracht	Helmut Kapitulski
Herbert Sandmann	Max Michallek	Wilhelm Burgsmüller	Wolfgang Peters
Timo Konietzka	Lothar Emmerich	Alfred Schmidt	Gerhard Cyliax
Rudi Assauer	Dieter Kurrat	Sigfried Held	Reinhard Libuda
Wolfgang Paul	Theo Redder	Hans Tilkowski	Wilhelm Sturm

Manfred Burgs- müller	Jürgen Wegmann	Norbert Dickel	Júlio César
Andreas Möller	Heiko Herrlich	Jörg Heinrich	Lars Ricken
Martin Kree	Matthias Sammer	Karl-Heinz Riedle	Paulo Sousa
Michael Zorc	Paul Lambert	Stefan Klos	Stefan Reuter
Stéphane Chapuisat	Jürgen Kohler	Sebastian Kehl	

In eine Hall of Fame haben es auch ohne eine solche Ruhmes-halle bei Borussia Dortmund mittlerweile einige Kicker ge-schafft, die beim BVB ihre Spuren hinterlassen haben. Seit 2018 werden im Deutschen Fußballmuseum in Spuckweite des Dort-munder Hauptbahnhofs die Mitglieder dieses illustren Kreises besonders gewürdigt.

Jährlich wählen Sportjournalisten neue Mitglieder der Hall of Fame aus, nachdem zunächst eine Gründungself mit dieser Ehre ausgezeichnet wurde. Dieser Gründungself gehörte mit Matthias Sammer einer der fraglos besten Spieler der BVB-Historie an. Seither sind mit Andreas Möller im Jahr 2020 und Jürgen Kohler ein Jahr später zwei weitere ehemalige BVB-Größen in die Ruhmeshalle aufgenommen worden, zudem Udo Lattek, der – als einer von bislang drei Trainern – zweimal Übungsleiter in Dortmund war.

AUSGEZEICHNETE BVB-PROFIS

Sammer dürfte seine Aufnahme in die Hall of Fame des deutschen Fußballs nicht zuletzt seiner Wahl zu Europas Fußballer des Jahres im Jahr 1996 zu verdanken haben. Damit ist der heutige Berater der BVB-Bosse um Hans-Joachim Watzke auch der Spieler von Borussia Dortmund, der die höchste individuelle Auszeichnung erhalten hat.

Fußballer des Jahres in Deutschland wurden neben dem zweifachen Preisträger Sammer drei weitere Spieler des BVB, zuletzt Marco Reus im Jahr 2019. Mit insgesamt fünf Auszeichnungen liegt Dortmund geteilt mit dem 1. FC Köln auf Rang drei. Deutlich vorn liegt der FC Bayern mit 24 Siegen, dahinter liegt Borussia Mönchengladbach mit sechs dieser Ehrungen.

Diese Dortmunder wurden zum Fußballer des Jahres in Deutschland gewählt

Name	Jahr
Hans Tilkowski	1965
Matthias Sammer	1995 und 1996
Jürgen Kohler	1997
Marco Reus	2019

Neben dieser großen Auszeichnung gab und gibt es zahlreiche kleinere Ehrungen. Recht jung ist zum Beispiel der Bundesliga

Rookie Award, den die DFL Deutsche Fußball Liga GmbH (DFL) seit der Saison 2016/17 monatlich an den besten Neuling in der Spielklasse vergibt und unter den Monatssiegern am Ende der Saison einen Gesamtsieger kürt.

Achtmal ging die monatliche Auszeichnung bisher an Spieler von Dortmund, öfter wurden bei der Onlineabstimmung nur Spieler des VfB Stuttgart ausgezeichnet. Als einziger BVB-Profi schaffte es bislang am Ende der Saison 2016/17 der französische Flügelspieler Ousmane Dembélé, den Titel als bester Neuling des Spieljahres (»Rookie der Saison«) einzuheimsen.

Ganz vorn liegt der BVB indessen bei der in ihrer aktuellen Form sogar erst seit der Spielzeit 2018/19 stattfindenden Wahl des Spielers des Monats. Dabei entscheiden die DFL und ihr Werbepartner Electronic Arts über die Preisträger. Marco Reus war im September 2018 der erste Gewinner; die ersten vier Auszeichnungen gingen allesamt an den BVB.

Insgesamt wurde bislang zehnmal ein Dortmund-Profi ausgezeichnet, damit liegt Schwarzgelb deutlich vor dem FC Bayern mit sieben Preisträgern auf Rang zwei. Auch der individuelle Spitzenreiter hat für den BVB die Schuhe geschnürt: Erling Haaland hat viermal den Monatstitel geholt, genauso oft wie Christopher Nkunku von RB Leipzig.

Kein Gutdünken von Wählern ist vonnöten, um eine besonders begehrte Auszeichnung zu erhalten: Die Torjägerkanone der Bundesliga geht schließlich an den Fußballer, der die meisten Treffer einer Saison erzielen konnte.

Bislang haben sich fünfmal Spieler von Borussia Dortmund

durchgesetzt, hinter dem FC Bayern mit 21 Titelträgern ist das gemeinsam mit dem 1. FC Köln der Bestwert.

Lothar Emmerich war 1966 und 1967 der erste BVB-Spieler, der sich die Kanone sichern konnte. Erst 2002 folgte Marcio Amoroso, 2014 und 2017 machten es ihm Robert Lewandowski und Pierre-Emerick Aubameyang nach.

Die Bundesliga-Torschützenkönige des BVB

Saison	Name	Tore
1965/66	Lothar Emmerich	31
1966/67	Lothar Emmerich	28
2001/02	Marcio Amoroso	18
2013/14	Robert Lewandowski	20
2016/17	Pierre-Emerick Aubameyang	31

Für besonders sehenswerte Treffer gibt es in der Bundesliga seit 1971 in einer von der ARD durchgeführten Wahl das Tor des Monats. Erster Preisträger war Gerhard Faltermeier im März 1971, der damalige Mittelfeldspieler des SSV Jahn Regensburg hatte einen direkten Freistoß verwandelt. Borussia Dortmund musste hingegen Jahre auf den ersten Sieger bei der Wahl zum Tor des Monats warten.

Manfred Burgsmüller gewann im Januar 1977 mit einem

Kopfball gegen den Karlsruher SC. Im September 1980 legte er mit einem Fallrückzieher gegen den VfB Stuttgart nach.

Insgesamt gehen 25 Tore des Monats auf das Konto von BVB-Spielern, das reicht für Platz sechs in der Wertung nach Mannschaften, die der FC Bayern klar vor der Fußballnationalmannschaft der Männer anführt. Bemerkenswert ist dabei nicht zuletzt der Sieg von Mark Bördeling im Juli 1990. Mit seinem Distanzschuss gegen Hertha Zehlendorf war der Dortmunder Nachwuchsspieler einer von bisher lediglich 14 Fußballspielern aus dem Jugendbereich, die das Voting für sich entscheiden konnten.

Fünf Spieler des BVB halten derweil mit je zwei Siegen beim Tor des Monats den Klubrekord. Erling Haaland gelang es dabei im Jahr 2021 sogar, beide Auszeichnungen innerhalb desselben Kalenderjahrs zu gewinnen.

Die Rekordhalter beim Tor des Monats

Manfred Burgsmüller	Januar 1977	September 1980
Andreas Möller	Juni 1995	August 1997
Lars Ricken	November 1995	Mai 1997
Marcio Amoroso	August 2001	April 2002
Erling Haaland	Februar 2021	September 2021

Der BVB hat das Tor des Monats schon 17-mal im eigenen Kasten kassiert, öfter ist dies bislang nur bei Bayern München, Borussia Mönchengladbach, Eintracht Frankfurt und Werder Bremen der Fall gewesen .

Das wohl bekannteste Tor des Monats gegen den BVB hat Jens Lehmann im Revierderby gegen den FC Schalke 04 erzielt. Der in der Schlussphase mit nach vorn geeilte Torwart der Königsblauen war per Kopfball erfolgreich und wurde so zum ersten Keeper, der aus dem Spiel heraus ein Bundesligator erzielen konnte.

Neben den monatlichen Auszeichnungen gibt es für die schönsten der schönen Treffer auch einen Jahrespreis. Zwei Dortmunder haben ihn bisher gewonnen: Daniel Simmes 1984 für ein traumhaftes Solo in der Bundesliga gegen Bayer Leverkusen, Lars Ricken für seinen Distanzheber im Champions-League-Endspiel gegen Juventus Turin im Jahr 1997.

Kassiert hat der BVB das Tor des Jahres bislang einmal – 2018 wurde der Freiburger Stürmer Nils Petersen für einen Schuss aus gewaltiger Distanz geehrt. Beim Tor des Jahres liegt übrigens die deutsche Nationalmannschaft der Männer vor dem FC Bayern, was gewiss mit der überragenden Bedeutung der DFB-Elf in Fußball-Deutschland zusammenhängt.

AUF DEN GRÖSSTEN BÜHNEN DER WELT

Torwart Heinrich Kwiatkowski war 1954 der erste Nationalspieler von Borussia Dortmund, der bei einer Weltmeisterschaft dabei war. Dank des »Wunders von Bern«, dem 3:2-Sieg des DFB-Teams über das deutlich favorisierte Ungarn, durfte sich der »Heinz« gerufene Schlussmann sogleich auch Weltmeister nennen.

Seinen einzigen Einsatz bei dem Turnier in der Schweiz absolvierte Kwiatkowski auch gegen Ungarn, allerdings bei der 3:8-Niederlage in der Vorrunde. Bundestrainer Josef Herberger setzte dabei vorrangig auf Reservisten, weil er wusste, dass seine Mannschaft nach einer als unvermeidlich geltenden Niederlage gegen das Überteam aus Ungarn ein Entscheidungsspiel gegen die Türkei absolvieren würde, um in die K.-o.-Phase einzudringen.

Im Nachhinein gilt die Taktik, im ersten Spiel gegen Ungarn nicht mit der besten Elf anzutreten, als Geniestreich: Der Favorit wusste so im Endspiel nicht genau, was auf ihn zukam. Kwiatkowski hätte aber sicher gerne verhindert, bei seinem Spiel die Hütte vollgeschossen zu bekommen.

Anschließend dauerte es 36 Jahre bis zum nächsten Weltmeister, den Schwarzgelb stellte: 1990 waren es dafür sogar zwei, Frank Mill und Andreas Möller waren mit Deutschland in Italien erfolgreich. Allerdings kam Mill gar nicht und Möller auch nur zweimal zum Einsatz.

Das gleiche Schicksal wie Mill ereilte 2014 drei der vier bislang letzten Weltmeister des BVB: Erik Durm, Kevin Großkreutz und Roman Weidenfeller waren WM-Touristen beim Triumph Deutschlands in Brasilien. Mats Hummels hingegen darf sich nach sechs Einsätzen und dem Siegtreffer im Viertelfinale gegen Frankreich seit Juli 2014 mit Haut und Haar als vollwertiger Weltmeister sehen.

Mit insgesamt sieben Weltmeistern liegt der BVB im Vergleich der aktuellen Erstligisten in Deutschland auf Rang drei. Der FC Bayern ist mit 24 Titelträgern deutlich enteilt, mit gehörigem Sicherheitsabstand folgt der 1. FC Köln mit neun Weltmeistern. Die Bayern sind zudem auch der einzige Klub, der bei allen vier deutschen WM-Titeln mindestens einen Spieler abgestellt hat.

Die Weltmeister des BVB

Name	Jahr
Heinrich Kwiatkowski	1954
Frank Mill	1990
Andreas Möller	1990
Erik Durm	2014
Kevin Großkreutz	2014
Mats Hummels	2014
Roman Weidenfeller	2014

Neben Weltmeisterschaften haben viele Spieler des BVB auch an Europameisterschaften teilgenommen, rein statistisch gesehen sogar mit mehr Erfolg. Zu verdanken ist dies nicht zuletzt der starken Fraktion an Dortmund-Profis im deutschen Kader bei der EM 1996 in England. Gleich fünf Spieler der seinerzeit frischen Titelverteidiger aus der Bundesliga waren von Bundestrainer Hans-Hubert Vogts nominiert worden.

Abwehrchef Jürgen Kohler sollte Deutschland sogar als Kapitän zum Titel führen, verletzte sich jedoch nach wenigen Minuten im ersten Spiel, einem 2:0 gegen Tschechien, und verpasste die restliche Endrunde.

Anders als bei den Weltmeistern stellt der BVB bei den Europameistern nicht allein deutsche Spieler: Flemming Povlsen war beim sensationellen Triumph von Dänemark im Jahr 1992 ein wichtiger Bestandteil, zudem kann auch der Titel von Raphaël Guerreiro mit Portugal im Jahr 2016 dem BVB gutgeschrieben werden. Sein Wechsel vom FC Lorient nach Dortmund wurde während der Endrunde vollzogen.

Die Europameister des BVB

Name	Jahr
Eike Immel	1980
Mirko Votava	1980
Flemming Povlsen	1992
Steffen Freund	1996
Jürgen Kohler	1996
Andreas Möller	1996
Stefan Reuter	1996
Matthias Sammer	1996
Raphaël Guerreiro	2016

Zudem haben drei BVB-Spieler die Kontinentalmeisterschaften anderer Verbände gewonnen: Mohamed Zidan wurde 2010 Afrikameister mit Ägypten, Shinji Kagawa gewann 2011 mit Japan die Asienmeisterschaft, die sich Mitchell Langerak 2015 mit Australien ebenfalls sichern konnte.

DIE RAUBEINE DES BVB

Borussia Dortmund ist in den vergangenen Jahren stets unter den fairsten Mannschaften der Bundesliga zu finden gewesen. So etwas geschieht zum Teil auch automatisch, wenn ein Team für gewöhnlich gute Ergebnisse einfährt und viel Ballbesitz hat. In der Bundesligasaison 2015/16 hat es der BVB beispielsweise geschafft, ohne jeden Platzverweis auszukommen.

Dass Spieler wegen Sperren fehlen, ist bei den Schwarzgelben vergleichsweise selten der Fall. Das war in der Vergangenheit anders. Als der BVB noch nicht dauerhaft zu den Spitzenmannschaften der Bundesliga zählte, gab es so manchen Profi, der gerne und kräftig gefoult hat.

Die erste Rote Karte eines Dortmunder Kickers sah dabei im Oktober 1966 mit Reinhard »Stan« Libuda ausgerechnet ein Spieler, der ansonsten für die ganz feine Klinge am Ball stand. Allerdings gab es zu dieser Zeit noch keine echten Karten, die der Schiedsrichter hätte zeigen können. Stattdessen wurde Libuda, wie seinerzeit üblich, mündlich über seine Hinausstellung informiert.

Die Gelb-Rote Karte als Instrument gegen Spieler, die sich zu viele verwarnungswürdige Verhaltensweisen leisten, gibt es in der Bundesliga sogar erst seit 1991. Die erste umgangssprachliche »Ampelkarte« für einen BVB-Profi gab es aber am 1. Spieltag der folgenden Saison: Gerhard Poschner flog beim »kleinen« Derby beim VfL Bochum bereits in der Anfangsphase vom Feld. Immerhin konnte Dortmund auch in Unterzahl einen Zwei-Tore-Rückstand aufholen.

Die vielleicht bemerkenswerteste Rote Karte hat sich der heutige Sportdirektor Sebastian Kehl abgeholt. Im DFB-Ligapokal vor der Saison 2003/04 schubste er den Schiedsrichter Jürgen Aust, dafür setzte es eine Sperre von sechs Wochen.

Den Rekord für den schnellsten Platzverweis beim BVB dürfte indes Bajram Sadrijaj sicher haben. 2008 war sein Debüt für die Borussia bereits nach zwölf Sekunden vorbei. Trainer Jürgen Klopp hatte den jungen Neuzugang vor der Einwechslung im DFB-Pokal gegen RW Essen ganz offensichtlich zu heiß gemacht. Sadrijaj kam auf den Platz, langte bei einem Foulspiel so richtig zu und durfte schon wieder duschen gehen. Nimmt man alle Pflichtspiele des BVB zusammen, ist der Angreifer einer von insgesamt 86 Kickern, die von Schiedsrichtern des Feldes verwiesen wurden.

Das größte Raubein war dabei Jens Lehmann. Der Torwart sah in fünf Jahren beim BVB zweimal Gelb-Rot und dreimal glatt Rot. Obwohl er mit 179 Einsätzen für Dortmund weit entfernt von den Rekordspielern ist, ist Lehmann mutmaßlich noch für einige Jahre vorn an der Spitze der Raubeine.

Ihm folgen drei Spieler mit jeweils vier Platzverweisen in allen Pflichtspielen von Borussia Dortmund.

Die meisten Platzverweise im BVB-Trikot

Rang	Name	Gelb-Rot	Rot	Spiele
1	Jens Lehmann	2	3	179
2	Dedê	1	3	398
2	Günter Kutowski	2	2	345
2	Stefan Reuter	4	0	421

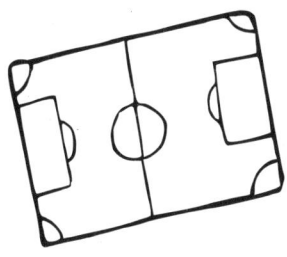

Wir halten fest und treu zusammen
DIE TRAINER UND DIE FUNKTIONÄRE DES BVB

VON THELEN BIS TERZIĆ – DIE TRAINER DES BVB

Im ersten Vierteljahrhundert seines Bestehens war beim BVB kein verantwortlicher Trainer beschäftigt. Weil der Klub in dieser Zeit noch nicht sonderlich professionell Fußball spielte, gab es auch keinen großen Anlass zur Anstellung eines Übungsleiters. Erst zur Saison 1935/36 wurde mit Fritz Thelen ein Trainer verpflichtet, um die Mannschaft unter der Woche auf die Spiele vorzubereiten und Aufstellung sowie Taktik zu entwickeln. De facto ist aber nicht Thelen, sondern Ernst Kuzorra mit einem etwa zweimonatigen Stelldichein als erster BVB-Coach in der Vereinschronik zu finden. Die Schalke-Legende überbrückte die Wartezeit zu Beginn der Saison, bis Thelen übernehmen konnte. Thelen war übrigens auch nach dem Zweiten Weltkrieg nochmals für einige Monate auf diesem Posten aktiv.

Der erste Trainer, der in Dortmund über längere Zeit seine Spuren hinterließ, war der Österreicher Ferdinand Swatosch (1936 bis 1939), seine Amtszeit wurde erst in den 1950er-Jahren übertroffen. Die erste echte Trainerlegende beim BVB dürfte aber Helmut Schneider gewesen sein, der dem Klub mit den deutschen Meisterschaften 1956 und 1957 erstmals eine überragende Bedeutung über die regionalen Grenzen Westdeutschlands hinaus verlieh. Als einem von nur vier Trainern ist ihm auch ein Stein auf dem Walk of Fame in Dortmund gewidmet.

Die Trainer, die mit dem BVB Titel gewonnen haben, im Kurzporträt:

Helmut Schneider, deutscher Meister 1956 und 1957

In den Zwischenkriegsjahren war Schneider ein erfolgreicher Fußballer beim FC Bayern und beim SV Waldhof Mannheim. In der Nachkriegszeit machte er sich zunächst als Spielertrainer einen Namen. Den Verantwortlichen in Dortmund wurde er vor allem in seiner Zeit beim 1. FC Köln ein Begriff. 1955 holten sie Schneider zum BVB, schnell formte er eine Mannschaft um »die drei Alfredos«. Bei den erfolgreichen Endspielen um die deutsche Meisterschaft setzte der gebürtige Pfälzer auf eine perfekt eingespielte Mannschaft: Es waren exakt dieselben elf Spieler, auf die Schneider vertraute. 1957 ging es für ihn wieder näher an die Heimat zu FK Pirmasens. 1968 kehrte Schneider für ein kurzes Stelldichein noch einmal zum BVB zurück.

Hermann Eppenhoff, deutscher Meister 1963, DFB-Pokalsieger 1965

Als Nachfolger des später legendären Max Merkel holte Dortmund im Jahr 1961 mit Eppenhoff einen langjährigen Schalke-Spieler auf die Trainerbank. Im Vergleich zu Schneider brauchte der gebürtige Herner aus Wanne-Eickel etwas mehr Anlauf, um in Dortmund eine Spitzenmannschaft zu formen. Ausweislich der letzten Meisterschaft vor der Gründung der Bundesliga gegen den favorisierten Titelverteidiger 1. FC Köln gelang dies

letztlich aber in überzeugender Weise. Pikant: Der Erfolgscoach war bereits 1964 mutmaßlich wegen despektierlicher
Aussagen gegenüber Vorgesetzten im Klub vom Vorstand um
Präsident Kurt Schönherr entlassen worden, ging dagegen aber
erfolgreich anwaltlich vor. Letztlich musste nicht Eppenhoff,
sondern der gesamte Vorstand seinen Hut nehmen. 1965 kündigte Eppenhoff dann selbst frühzeitig seinen Abschied an,
führte das Team aber noch zum DFB-Pokalsieg gegen Alemannia Aachen (2:0).

Willi Multhaup, Sieger im Europapokal der Pokalsieger 1966

Bei der Suche nach einem Ersatz für Eppenhoff ging Dortmund
ein dickes »Fischken« ins Netz, wie der Trainer seit Kindesalter
genannt wurde, weil er einer Familie von Fischhändlern ent-
stammt. Multhaup hatte Werder Bremen 1965 zur Meisterschaft
in der noch jungen Bundesliga geführt und damit beste Referen-
zen für den Job beim BVB erworben. Seine einzige Saison im
Ruhrgebiet verlief mit der Vizemeisterschaft in der Bundesliga
nach langer Tabellenführung nicht ganz wunschgemäß, jedoch
überstrahlte der Triumph im Europapokal alles. Kaum jemand
setzte im Duell mit dem FC Liverpool auch nur einen Pfifferling
auf Dortmund, in der Rolle des Außenseiters gefiel sich Multhaup aber sehr gut. Womöglich hätte er beim BVB eine Ära prägen können, wenn nicht der 1. FC Köln mit einem lukrativen

Angebot an den seinerzeit vielleicht besten Vereinstrainer Deutschlands herangetreten wäre.

Horst Köppel, DFB-Pokalsieg 1989

Der ehemalige Bundesligastürmer Köppel machte sich als Trainer im Wesentlichen als Assistent von Franz Beckenbauer bei der Nationalmannschaft einen Namen. Nach der Vizeweltmeisterschaft 1986 wurde Köppel als potenzieller künftiger Bundestrainer gesehen, entsprechende Ambitionen formulierte er für die DFB-Führung aber wohl allzu deutlich. So ging er 1987 zu Bayer Uerdingen, nach einer Entlassung bei den Krefeldern ein Jahr später unverhofft zum BVB. Dortmund hatte sich während der Saisonvorbereitung von Reinhard Saftig getrennt, Köppel war wohl zur rechten Zeit am rechten Ort und konnte schnell übernehmen. Dass eine Erfolgsgeschichte daraus werden sollte, ahnte kaum jemand. Mit dem Sieg im DFB-Pokal über das favorisierte Team von Werder Bremen bescherte Köppel den Schwarzgelben 1989 endlich wieder einen großen Titel.

Ottmar Hitzfeld, deutscher Meister 1995 und 1996, Champions-League-Sieger 1997

Als Nachfolger von Köppel holte Dortmund Ottmar Hitzfeld aus der Schweiz in die Bundesliga. Erfolge stellten sich schnell ein, auch wenn der große Wurf auf sich warten ließ: 1992 wurde der BVB Vizemeister, 1993 erreichte er das Endspiel des UEFA-Cups. 1994/95 führte »Gottmar«, wie er später bisweilen genannt werden sollte, Dortmund endlich zur ersten Meisterschaft in der Bundesliga-Ära. Im Saisonfinale profitierte der Klub dabei vom Stolpern des vorherigen Tabellenführers Werder Bremen gegen den FC Bayern. Ein Jahr später, 1995/96, ist es hingegen eine sehr souveräne Titelverteidigung, die Hitzfeld gelingt. Seinen größten Erfolg feierte er aber in Europa: Mit dem Sieg über Juventus Turin in der Champions League macht sich der Trainer auf ewig unsterblich. Selbst seine späteren Stationen beim FC Bayern kann ihm kaum ein BVB-Fan übel nehmen.

Nevio Scala, Weltpokalsieger 1997

Nachdem Hitzfeld sich ins Management des BVB zurückgezogen hatte, lag der Klub bei der Wahl des Nachfolgers ziemlich daneben. Der Italiener Scala kam bei Fans und Mannschaft nie voll an, seine einzige Bundesligasaison endete mit Platz zehn geradezu desaströs. Doch auch Scala darf sich Titeltrainer nennen: Nach dem Sieg in der Königsklasse konnte sich der BVB im Weltpokal gegen den Sieger der Copa Libertadores, dem südamerikanischen Pendant zur Champions League, Cruzeiro aus Belo Horizonte behaupten. Ein 2:0 im japanischen Yokohama machte den BVB auf dem Papier zur weltbesten Vereinsmannschaft, auch wenn sich das im Alltag unter Scala kaum zeigte.

Matthias Sammer, deutscher Meister 2002

Der einstige Weltklasseprofi Sammer hatte in der großen Not der Saison 1999/2000 gemeinsam mit Trainerlegende Udo Lattek den Abstieg des BVB abgewendet und wurde daraufhin dauerhaft zum bisher jüngsten Trainer von Dortmund. Dank hoher Investitionen in seinen Kader konnte Sammer den BVB schnell in der Bundesligaspitze etablieren. In einem Herzschlagfinale am 34. Spieltag der Saison 2001/02 feierte der erst 34 Jahre alte Übungsleiter den Meistertitel. Bis heute ist kein Meistertrainer in der Bundesliga jünger gewesen. Allerdings muss Sammer mitverantworten, dass der BVB in den folgenden Jahren auch wegen ausbleibender weiterer Erfolge in eine tiefe Finanzkrise gestürzt ist. 2004 verabschiedete er sich zum VfB Stuttgart.

Jürgen Klopp, deutscher Meister 2011 und 2012, DFB-Pokalsieger 2012

Auf die Frage nach dem besten BVB-Trainer aller Zeiten dürfte es zwei Antworten geben. Ob Ottmar Hitzfeld oder doch Jürgen Klopp die wichtigste Personalie auf der Trainerbank in der Geschichte von Borussia Dortmund war, muss jeder Fan für sich selbst beantworten. Für Klopp spricht, dass er den BVB ab 2008 aus einem tiefen Schlaf gerissen hat und zunächst ohne großen finanziellen Einsatz auf dem Transfermarkt wieder in die oberen Tabellenplätze der Bundesliga geführt hat. Unter Klopps Führung wurden Stars beim BVB eher gemacht als gekauft. Deshalb ist auch eine ganz besondere Bindung seiner Mannschaften zu den Fans entstanden, die Eigenschaft des »Menschenfängers« Klopp tat ihr Übriges. Die Meisterschaft 2011 war noch eher eine Überraschung, die Titelverteidigung 2012 hingegen die vielleicht dominanteste Spielzeit, die der BVB je hingelegt hat. Im selben Jahr gelang zudem das erste und bislang einzige Double mit dem Sieg über den FC Bayern im DFB-Pokal. Ein Jahr später revanchierte sich der Rekordmeister im Champions-League-Finale von Wembley, das das letzte schillernde Glanzlicht der Klopp-Ära in Dortmund darstellen sollte. 2015 verabschiedete sich der gebürtige Stuttgarter, zum Abschluss setzte es eine bittere Pleite im DFB-Pokalfinale gegen den VfL Wolfsburg.

Thomas Tuchel, DFB-Pokalsieger 2017

Fachlich war Tuchel als Nachfolger von Klopp über jeden Zweifel erhaben, das schwere menschliche Erbe des Publikumslieblings auf der Trainerbank erwies sich jedoch als zu groß. Tuchel eckte intern an, wurde auch mit dem Anhang in Dortmund nie ganz warm. Sein Abschied war schon weitgehend beschlossene Sache, als er den BVB im Pokalfinale gegen Eintracht Frankfurt zum Favoritensieg führte. Wenige Tage später wurde die Trennung dann auch offiziell vollzogen. Damit war Tuchel der erste Trainer, von dem sich der BVB unmittelbar nach einem Titelgewinn aus freien Stücken lossagte.

Edin Terzić, DFB-Pokalsieger 2021

Der frühere Nachwuchstrainer und Scout Terzić kam 2018 als Assistent des neuen Chefcoachs Lucien Favre nach Dortmund. Mit dem Sauerländer wollte die Klubführung Stallgeruch im Trainerteam des bisweilen kauzigen Schweizers Favre verbreiten, zudem sorgte der bekennende BVB-Fan Terzić für Identifikation mit den Fans. Favre führte den BVB knapp zweieinhalb Jahre durchaus erfolgreich, ohne aber einen Titel einzufahren. Schwache Leistungen im Herbst 2020 kosteten ihn den Job, Terzić übernahm nach einer Heimklatsche gegen den VfB Stuttgart zunächst auf Interimsbasis. Seine Qualitäten bewies der von den besonderen Umständen der Coronapandemie beeinflusste Fußballlehrer insbesondere im DFB-Pokal, in dem letztlich dank eines klaren Siegs über RB Leipzig der bisher letzte Titel für den BVB heraussprang. Zu diesem Zeitpunkt stand lange fest, dass Terzić den Posten räumen würde, weil sich Dortmund auf Marco Rose als langfristigen Cheftrainer festgelegt hatte. Terzić rückte auf einen Posten im Management, galt aber stets als Trainer im Wartestand. Nachdem der BVB sich völlig überraschend nach nur einer Saison von Rose getrennt hatte, war der Nachfolger direkt am Start.

DIESE MANAGER HABEN DEN BVB GEPRÄGT

Neben den Trainern sind die sportlich Hauptverantwortlichen in einem Klub abseits des spielenden Personals die wichtigsten handelnden Personen. Bei Borussia Dortmund waren Verpflichtungen der Übungsleiter und Spieler über Jahrzehnte mehr oder minder gemeinschaftliche Sache des Vorstands. Weil die Besetzung der Gremien häufig in eklatantem Tempo wechselte, lässt sich im Rückblick auf viele Jahrzehnte der Vereinsentwicklung kaum davon sprechen, dass ein klassischer Manager den Klub über lange Zeiträume geprägt hätte.

Einen solchen Typus hat zuallererst wohl Michael Meier dargestellt, der am 1. Dezember 1989 als geschäftsführendes Vorstandsmitglied in Dortmund anheuerte. Zuvor hatte der Diplom-Kaufmann beim 1. FC Köln und Bayer Leverkusen große Erfolge mitverantworten können, die Werkself etwa gewann 1988 den UEFA-Cup. Der unweit von Dortmund in Lünen geborene Manager verdiente sich beim BVB ebenfalls große Anerkennung, es war nicht zuletzt seine Transferpolitik, die Hitzfeld mit dem nötigen Spielermaterial ausstattete, um große Erfolge zu feiern. So holte Meier zahlreiche Legionäre aus Italien zurück, die beim BVB das Gerüst etwa der Champions-League-Sieger von 1997 bildeten.

Nach dem unter anderem auch von Meier angestoßenen Börsengang des Klubs wurde er erster Geschäftsführer der Borussia Dortmund GmbH & Co. KGaA. Diesen Posten verlor er im Zuge der Wirtschaftskrise des Vereins im Jahr 2005, in der zeitweise die Insolvenz drohte.

Meiers Wirken hatte aber auch abseits der Wirtschaftskrise des BVB Folgen, die noch viele Jahre zu spüren waren. Denn 1998 installierte er Michael Zorc unmittelbar nach dessen Beendigung der aktiven Karriere in einer Funktion im BVB-Management.

Der vormalige Mannschaftskapitän der Dortmunder wurde zunächst Sportlicher Leiter, 2005 stieg er zum Sportdirektor mit größeren Kompetenzen auf. Untrennbar verbunden ist er in dieser Funktion mit der »Wiederauferstehung« des BVB in der Ära unter Chefcoach Jürgen Klopp, mit dem Zorc prächtig harmonierte. Wegen der großen Erfolge, aber auch seiner tiefen Verbindung zu Borussia Dortmund, ist Zorc auch als Manager ein Publikumsliebling geblieben, bis er 2022 den Staffelstab an Sebastian Kehl übergab. Allerdings war das Verhältnis zur BVB-Öffentlichkeit nicht immer nur eitel Sonnenschein.

Im Sommer 2004 tobte ein Machtkampf hinter den Kulissen, in dessen Rahmen Zorc einige Kompetenzen an Stefan Reuter abgeben musste. Zorc wurden zuvor Probleme im Umgang mit der Mannschaft vorgeworfen. Er sollte sich eher dem kaufmännischen Bereich widmen. Die neue Aufgabenteilung war aber schon nach einem halben Jahr Geschichte, weil Reuter entnervt das Handtuch warf und seinen Vertrag auflösen ließ.

Im Jahr 2007 musste Zorc das nächste Ränkespiel überstehen. Diesmal sägte der Ex-BVB-Profi Michael Rummenigge wenig geheim am Stuhl des Sportdirektors. Im Nachhinein ist nicht vollumfänglich geklärt, wie nahe Zorc einer Demission in diesen Tagen wirklich kam. Völlig klar ist hingegen, dass sein Verbleib ein entscheidender Faktor in der Renaissance des BVB unter Klopp werden sollte.

Dabei darf aber keineswegs der Eindruck entstehen, es habe ein Erfolgsduo die Schwarzgelben zurück ins Licht geführt. Denn es war eindeutig ein Toptrio, das dafür verantwortlich zeichnete. Die Arbeit von Hans-Joachim Watzke, der 2001 als Schatzmeister beim BVB begann und in der Finanzkrise 2005 zum Geschäftsführer wurde, mag dabei in der Außenwirkung weniger sexy gewesen sein. Ohne das federführend vom sauerländischen Unternehmer entwickelte und in die Tat umgesetzte Sanierungskonzept hätte es den BVB gar nicht mehr gegeben, als er sich mit Klopps Taktik und Zorcs Transfers wieder in die Bundesligaspitze aufmachte.

Watzke ist dabei weit mehr als ein klassischer Manager, er ist gewissermaßen der Big Boss des BVB und könnte als eine Art Patron bezeichnet werden. Dabei würde Watzke stets selbst zugeben, dass er in sportlichen Fragen insbesondere auf die Zuarbeit seiner entsprechenden Mitarbeiter angewiesen ist. In der Öffentlichkeit steht er seit jeher für klare Kanten, deshalb gilt Watzke bisweilen auch als Reizfigur im deutschen Fußball. Mit seiner Wahl zum Aufsichtsratsvorsitzenden der DFL, gleichbedeutend mit dem Status als Vizepräsident des DFB, hat sich Watzke inzwischen zum wichtigsten Fußballfunktionär des Landes aufgeschwungen.

DER DREIFACHE RAUBALL

Die Rolle der Präsidenten hat sich im Vereinsfußball über die Jahrzehnte erheblich gewandelt. Waren die Klubvorsitzenden einst die starken Männer in den Vereinen, die mitunter nach Gutsherrenart Entscheidungen trafen und oftmals dank des Einsatzes eigenen Kapitals überhaupt erst in diese Position kamen, hat die Bedeutung für das Tagesgeschäft mit der zunehmenden Professionalisierung des Fußballsports merklich abgenommen.

Für die Entwicklung des jungen BVB war im Wesentlichen die Ära von Franz Jacobi prägend, der 1910 als dritter Gründervater des Klubs diesen Posten übernahm. 1923 machte Jacobi für Heinz Schwaben Platz, der den Umbau der »Weißen Wiese« in ein adäquates Heim für den BVB ermöglichte. Nach der 13-jährigen Amtszeit Jacobis hat sich ein Stühlerücken eingestellt, gerade ab Mitte der 1960er-Jahre klebten Präsidenten beim BVB nicht sonderlich lange auf ihrem Stuhl. Von 1964 bis 1979 etwa waren fünf Männer auf diesem Posten zu finden. 1979 übernahm mit Reinhard Rauball der Präsident, der Borussia Dortmund wie kein Zweiter prägen sollte, nicht zuletzt, weil er gleich dreimal in das Amt gewählt wurde.

Bei seinem ersten Anlauf war der Jurist gerade einmal 32 Jahre alt und jünger als einige Spieler des Klubs. Natürlich war Rauball damit auch der jüngste Präsident in der Bundesliga, dennoch gelang es dem umsichtigen Rechtsanwalt, den BVB durch turbulente Fahrwasser zu leiten. Mit der Verpflichtung von Udo Lattek als Cheftrainer landete Rauball sogar einen echten Paukenschlag.

1982 verließ der Präsident seinen Posten aus beruflichen Gründen, allzu lange konnte Rauball sich vom BVB aber nicht lossagen. Nur knapp zwei Jahre später ließ er sich vom Amtsgericht Dortmund als Notvorstand des schwer angeschlagenen Bundesligisten einsetzen. Wie schon ab 1979 sorgte Rauball in einer ausnehmend diffizilen wirtschaftlichen Lage für Beruhigung. Dem alten und neuen Präsidenten vertrauten die Sponsoren, zudem imponierte der Öffentlichkeit sein persönlicher Einsatz: Rauball bürgte mit seinem Privatvermögen für einen wichtigen Kredit bei der Deutschen Bank. 1986 übergab er an seinen Vizepräsidenten Gerd Niebaum, der bis 2004 im Amt bleiben sollte.

Es schlug erneut die Stunde des Retters Rauball, der zwischenzeitlich 1999 im Kabinett des nordrhein-westfälischen Ministerpräsidenten Wolfgang Clement nur eine Woche lang als Justizminister fungiert hatte. Am 14. November 2004 ließ sich Rauball zum dritten Mal zum Präsidenten wählen, nachdem Niebaum einräumen musste, den Klub mit seiner Finanzpolitik einmal mehr an den Rand des Kollaps geführt zu haben.

Als wichtigster Mitstreiter von Watzke war Rauball wieder hauptsächlich als Ruhepol und Sicherheitsgarant des BVB gefragt, auch sein Fachwissen als Sportrechtler kam den Schwarzgelben in vielen dunklen Stunden recht. Diesmal blieb es nicht bei einem Intermezzo, sondern Rauball behauptete seinen Posten bei vielen Wahlvorgängen auf Jahreshauptversammlungen von Borussia Dortmund mit herausragenden Ergebnissen.

Nach über 18 Jahren hat der inzwischen 76-Jährige, der ab und zu in der Traditionsmannschaft des BVB mitspielt, sein Amt erst im November 2022 an Reinhold Lunow übergeben. In Anerkennung Rauballs überragender Verdienste als mehrfacher Retter von Borussia Dortmund wählte ihn die Versammlung daraufhin zum ersten Ehrenpräsidenten des Klubs.

Eine Rauball-Anekdote aus dem Jahr 2012 ist zu kurios, um sie nicht zu erzählen: Nachdem der BVB mit einem 2:0 gegen Borussia Mönchengladbach am 32. Spieltag der Saison 2011/12 seinen Meistertitel erfolgreich verteidigt hatte, kam es auf dem Spielfeld zu einer wilden Feier. Wie in der Bundesliga und insbesondere auch beim BVB üblich, wurden dabei auch gigantische Biergläser gereicht, um das Duschen mit dem liebsten Kaltgetränk der Deutschen zu ermöglichen. Rauball wollte dabei einer solchen »Attacke« des brasilianischen Abwehrspielers Felipe Santana ausweichen, rutschte aber auf dem bereits durchnässten Boden aus. Die Folge war ein Adduktorenabriss, den der Präsident sogar operativ behandeln lassen musste. »Aber für eine Meisterfeier nehme ich das in Kauf«, sagte Rauball anschließend gegenüber der *Bild*-Zeitung.

Er war nicht der einzige Funktionär des BVB, der sich in dieser Saison beim vielen Jubeln verletzte: Jürgen Klopp hatte sich bei einem Lauf aufs Spielfeld nach dem Sieg im Elfmeterschießen gegen Fortuna Düsseldorf im DFB-Pokal einen Muskelfaserriss zugezogen. Und schon 2011 hatte Klopp von Mittelfeldmann Nuri Şahin nach einem 3:1-Sieg in München seine Brille kaputtgeschlagen bekommen. Beim BVB sind in dieser Zeit also vor allem positive Emotionen auch mit Schmerzen verbunden gewesen.

IN ANDERER FUNKTION ZURÜCK

Wie bei vielen anderen Vereinen ist es auch bei Borussia Dortmund durchaus gang und gäbe, verdiente Spieler nach der aktiven Karriere in anderer Form einzubinden. Die bekanntesten Beispiele sind dabei sicher Zorc und Kehl als Sportdirektoren oder Sammer als Cheftrainer der Bundesligamannschaft. Gerade in der jüngeren Vergangenheit geht der Trend dahin, ehemalige Profis in neuer Funktion zu holen; in der laufenden Saison 2022/23 etwa gehören mit Talente-Trainer Otto Addo und Sportpsychologe Philipp Laux zwei Ex-Kicker der Schwarzgelben zum Trainerstab von Edin Terzić, während Sammer als Berater der BVB-Bosse fungiert.

Die Entwicklung hat in den vergangenen Jahren zugenommen, neu ist sie aber keineswegs. Schon vor Jahrzehnten hat Dortmund immer wieder mal auf ehemalige Spieler gesetzt, wenn Not am Mann war. Zum Beispiel war Timo Konietzka, einer der herausragenden BVB-Stürmer um die Zeit der Bundesligagründung, im Jahr 1984 Chefcoach des Klubs. Zuvor schon hatten Helmut Bracht, Dieter Kurrat oder auch Max Michallek Intermezzi als Interimstrainer hingelegt, um ihrem Klub aus der Patsche zu helfen.

Alfred Schmidt und später Sigfried Held haben sich statt des sportlichen Kernbereichs lieber um die Belange des Anhangs gekümmert und waren als Fanbeauftragte aktiv. Seit einigen Jahren ist auch Wolfang de Beer, der zuvor Torwarttrainer war, auf einem solchen Posten unterwegs.

Schmidt machte sich zeitweise auch als Kassenwart nützlich, in dieser Form blieb auch der ehemalige Torwart Stefan Klos dem BVB weit nach der aktiven Karriere erhalten.

Zu einer der öffentlichsten Rollen bei Borussia Dortmund hat es nach der Profilaufbahn Norbert Dickel geschafft. Der zweifache Torschütze des DFB-Pokalfinales gegen Werder Bremen 1989 ist seit 1992 Stadionsprecher des BVB und hat zudem zahlreiche Moderations- und Kommentatortätigkeiten in diversen eigenproduzierten Formaten des Vereins übernommen.

Einer der wichtigsten Posten beim BVB ist mit Lars Ricken ebenfalls einem verdienten Ex-Profi zuteilgeworden: Der Champions-League-Sieger von 1997 wurde 2008 zunächst zum Nachwuchskoordinator ernannt, seit 2020 fungiert er als Leiter der Nachwuchsabteilung. Ricken ist mithin federführend dafür verantwortlich, dass den Profis der ersten Mannschaft ein steter Zufluss an Talenten aus dem eigenen Stall gesichert wird.

Abstiegskampf oder Pokale
DIE SPIELE DES BVB

HÖHEN UND TIEFEN IN DER BUNDESLIGA

Borussia Dortmund ist mit bisher acht Meistertiteln in Deutschland nach dem FC Bayern und dem 1. FC Nürnberg der dritterfolgreichste Verein. Bei den Franken entfallen dabei allerdings acht von neun Titeln auf die Zeit vor der Bundesligagründung. Allein 1968 konnte sich der »Club« auch in der eingleisigen Eliteliga der Bundesrepublik durchsetzen. Nürnberg stieg anschließend als deutscher Meister aus dem Oberhaus ab, ein bis heute einmaliger Vorgang.

Die meisten Meisterschaften

Rang	Verein	Meistertitel	Wann zuletzt?
1	FC Bayern	32	2022
2	1. FC Nürnberg	9	1968
3	Borussia Dortmund	8	2012
4	FC Schalke 04	7	1958
5	Hamburger SV	6	1983

Mit fünf Titeln seit der Gründung der Bundesliga liegt der BVB seit 1963 gleichauf mit Borussia Mönchengladbach hinter den Münchnern. Der Rekordchampion hat in der Bundesliga-Ära allerdings gleich 31 Titel geholt und könnte folglich über Jahrzehnte aussetzen, ohne dass seine Stellung als Hegemon in Gefahr geriete.

Gladbach indes feierte alle fünf Meisterschaften in einem Zeitkorridor von 1970 bis 1977, somit kann nicht die Rede davon sein, dass die »Fohlen« dauerhaft ein arger Konkurrent des FC Bayern geworden sind. Dieses Prädikat konnte man über die Jahre immer wieder anderen Mannschaften anheften, der Hamburger SV zum Beispiel wurde zwischen 1979 und 1983 dreimal Meister.

Das größte Stehvermögen hat dabei trotz seiner Schwächephasen in den 1970er- und 1980er-Jahren der BVB an den Tag gelegt. Das zeigt auch der Blick auf die Ewige Tabelle der Bundesliga, in der Schwarzgelb in der Saison 2019/20 an Werder Bremen vorbei auf Rang zwei gerückt ist. In 1881 Spielen bis zur Winterpause der laufenden Saison 2022/23 holte der BVB umgerechnet auf die Drei-Punkte-Regel, die in Deutschland erst seit 1995 gilt, 3033 Zähler.

Auf Werder, das insgesamt zwei Spielzeiten mehr als erstklassiger Klub verbracht hat, weist Dortmund beruhigende 126 Punkte Vorsprung auf. Ohne einen Abstieg wird der BVB diese Marke kaum verspielen können. Der Rückstand auf den Branchenprimus FC Bayern fällt dabei allerdings noch wesentlich gewaltiger aus. Die Münchner haben 925 Punkte mehr auf ihrem ewigen Bundesligakonto als die Borussen; das sind, nebenbei bemerkt, mehr Zähler Vorsprung, als Lokalrivale 1860 München in seiner gesamten Bundesligahistorie geholt hat.

Gemessen an der durchschnittlichen Punktzahl pro Spiel muss sich Dortmund neben dem FC Bayern auch RB Leipzig geschlagen geben. Der Emporkömmling aus Sachsen wird die Jahrzehnte Rückstand auf Dortmund und viele andere Vereine aber wohl nie einholen können.

Die Spitze der Ewigen Bundesligatabelle
(Stand: Winterpause Saison 2022/23)

Rang	Verein	Punkte	Meistertitel
1	FC Bayern	3958	31
2	Borussia Dortmund	3033	5
3	Werder Bremen	2907	4
4	VfB Stuttgart	2746	3
5	Borussia Mönchengladbach	2741	5
6	Hamburger SV	2733	3
7	FC Schalke 04	2541	0
8	Eintracht Frankfurt	2465	0
9	1. FC Köln	2432	2
10	Bayer Leverkusen	2319	0

In der Ewigen Tabelle hat der BVB das Feld seit Mitte der 1990er-Jahre aus dem Mittelfeld aufgerollt, diese Entwicklung hat sich auch in letzter Zeit verfestigt. Denn viele seiner statistisch betrachtet besten Spielzeiten sind noch gar nicht lange her.

2011/12 gelang die Titelverteidigung unter Jürgen Klopp mit satten 81 Punkten. Eine solche Marke hatte es in der Bundesliga bis dahin nicht gegeben. »Das ist eine historische Marke, die vermutlich so bald keiner erreichen wird«, erklärte Meistertrainer Klopp anschließend. Allerdings hatte er da noch nicht mit der dominantesten Ära des FC Bayern gerechnet, der zwischenzeitlich schon sechsmal mehr als 81 Punkte geholt hat und ausgerechnet in der unmittelbar folgenden Saison 2012/13 den bisherigen Bestwert von sogar 91 Zählern aufstellen konnte.

Der BVB kam indessen seiner eigenen Bestmarke zweimal noch recht nahe, es reichten aber weder die 78 Punkte von 2016 noch die 76 Punkte von 2019, um das Meister-Abonnement der Münchner zu beenden. Dass zwei der drei besten Bundesligaspielzeiten der Schwarzgelben nur zur Vizemeisterschaft führten, darf durchaus als Zeichen für folgende Tatsache gelten: Der BVB hatte gewissermaßen einfach Pech, dass der Konkurrent aus dem Freistaat Bayern zeitgleich seine stärkste Phase erlebte.

Auch die nach Punkten fünftbeste Saison für Dortmund endete nicht mit dem Meistertitel, 1991/92 stellt aber auch einen Sonderfall dar, weil nach der deutschen Wiedervereinigung einmalig 20 Mannschaften im Oberhaus spielen durften.

Die fünf besten Bundesligasaisons des BVB

Rang	Spielzeit	Punkte	Tabellenplatz
1	2011/12	81	1
2	2015/16	78	2
3	2018/19	76	2
4	2010/11	75	1
5	1991/92	Umgerechnet 72	2

Die Bestimmung der schlechtesten Bundesligaspielzeit von Borussia Dortmund fällt ganz leicht. Es handelt sich eindeutig um die Saison 1971/72, die mit dem einzigen Bundesliga-Abstieg des BVB endete.

Umgerechnet auf die Drei-Punkte-Regel holte die Mannschaft seinerzeit kümmerliche 26 Zähler. Auch in anderen Kategorien hat der BVB diese schreckliche Runde glücklicherweise nie unterboten: Sechs Siege und 34 geschossene Tore sind die wenigsten, 20 Niederlagen und 83 Gegentore die meisten, die es in einer Saison von Dortmund je gegeben hat.

Der Abstieg 1972 hat den BVB auch den möglichen Nimbus des Bundesliga-Dinos gekostet. Mit 46 ununterbrochenen Spielzeiten im Oberhaus seit dem Wiederaufstieg 1976 reicht es dennoch für die drittlängste Serie aller Erstligisten in Deutschland. Auch hier führt der FC Bayern, der die ersten beiden Saisons in der Bundesliga noch verpasst hatte, weil er nicht zu den Gründungsmitgliedern gehören durfte.

Seit 1965 ist der bayrische Rekordmeister immerzu in der Bundesliga vertreten, damit hat er erst vor Kurzem den Hamburger SV abgelöst. Die »Rothosen« aus dem Norden waren 2018 als letztes Gründungsmitglied der Bundesliga erstmals abgestiegen und verloren so das Alleinstellungsmerkmal als Bundesliga-Dino.

Trotz der eklatant schwachen Bilanz ist die Abstiegssaison des BVB 1971/72 jedoch weit davon entfernt, zu den schlechtesten Bundesligaspielzeiten insgesamt zu gehören. Andere Klubs sind noch wesentlich trostloser aus dem Oberhaus in die Zweitklassigkeit abgedriftet, den Vogel schoss 1966 Tasmania Berlin mit umgerechnet nur zehn Punkten ab. Und der FC Schalke 04 hat

2020/21 mit 16 Zählern die auf dem Papier drittschwächste Saison der Bundesligageschichte hingelegt.

Die fünf schlechtesten Bundesligasaisons des BVB

Rang	Spielzeit	Punkte	Tabellenplatz
1	1971/72	Umgerechnet 26	17
2	1985/86	Umgerechnet 38	16
3	1987/88	Umgerechnet 38	13
4	1970/71	Umgerechnet 39	13
5	2007/08	40	13

In einigen dieser so schwachen Saisons musste der BVB lange darum zittern, ob er nicht doch den bitteren Gang in die Zweitklassigkeit würde antreten müssen. Es gab aber natürlich auch Spielzeiten, in denen im Saisonfinale aus positiver Sicht noch alles drin war für Schwarzgelb. Einige der spannendsten Konstellationen folgen im Schnelldurchlauf:

Relegation 1986

Die Hoffnung, den Entscheidungsspielen um die Klassenzugehörigkeit am letzten Spieltag noch aus dem Weg zu gehen, wurde trotz eines 4:1 über Hannover 96 durch Siege der Konkurrenz zunichtegemacht. Für Dortmund ging es so gegen Fortuna Köln als Tabellendritter der 2. Bundesliga um die Rettung. Am 13. Mai verlor der BVB das Hinspiel in der Domstadt mit 0 : 2, ein 2 : 1 im Rückspiel zu Hause hätte den Abstieg bedeutet. Und dann biss »Kobra« Wegmann zu, erzwang ein Wiederholungsspiel auf neutralem Platz. Auf quasi halbem Weg zwischen den beiden Städten sollte sich das Schicksal in Düsseldorf entscheiden. Dort fegte Dortmund wie ein Unwetter über Köln hinweg, schoss einen famosen 8 : 0-Sieg heraus, wodurch die Relegation als eine Art zweite Geburtsstunde der Schwarzgelben legendären Status erlangt hat.

Der Dreikampf von 1992

Die Mammutsaison 1991/92 mit 38 Spieltagen sah das bis dahin wohl spannendste Finale der Bundesligageschichte. Im Dreikampf mit dem BVB und dem VfB Stuttgart hatte Eintracht Frankfurt als Tabellenführer dank der deutlich besten Tordifferenz die komfortable Ausgangslage, mit einem Sieg gegen Hansa Rostock den Titel perfekt machen zu können. Dortmund und Stuttgart mussten auf einen Patzer hoffen. Der BVB machte dank einer schnellen Führung beim MSV Duisburg früh Druck auf die Konkurrenz und verbrachte einen großen Teil des Abschlussspieltags auf Platz eins, weil Frankfurt und der VfB zeitweise zurücklagen und bis kurz vor Abpfiff nur auf Remis-Kurs waren. Millionen Fans klebten am Radio, als eine denkwürdige Schlussphase anbrach. Erst wurde der Eintracht ein möglicher Siegtreffer wegen Abseits aberkannt, dann flog Matthias Sammer beim VfB in Leverkusen wegen Meckerns vom Platz. Die Schwaben schafften dennoch den Siegtreffer, Guido Buchwald machte sich in Stuttgart unsterblich. Frankfurt hätte einen Strafstoß bekommen müssen, um nachzuziehen, aber die Pfeife des Schiedsrichters blieb stumm. Die SGE kassierte sogar noch das 1:2, durch das die Vizemeisterschaft für den BVB gesichert war.

Dank Bayern: BVB fängt 1995 Werder ab

Vor der Spielzeit 1994/95 ging Dortmund als Mitfavorit ins Rennen, Hauptanwärter auf den Titel sollte jedoch der FC Bayern sein. Das Starensemble aus München legte aber eine schwache Saison hin. Dennoch griff Bayern entscheidend ins Meisterrennen ein, indem der Klub am 34. Spieltag Werder Bremen mit 3:1 schlug. Das erlaubte Borussia Dortmund, mit einem 2:0 gegen den Hamburger SV doch noch an Werder vorbeizuziehen. Nachdem der BVB unter Hitzfeld über weite Strecken der Saison Tabellenführer gewesen war, wäre alles andere als der Titel auch eine Enttäuschung gewesen.

Nächster Dreikampf im Jahr 2002

Zum Abschluss der Saison 2001/02 war Dortmund erneut in einen Dreikampf um die Meisterschaft verwickelt. Dabei profitierte der BVB davon, dass Bayer Leverkusen auf den letzten Metern strauchelte und noch einmal die Tür für die Konkurrenten aufmachte. Außenseiterchancen hatte vor dem 34. Spieltag zudem der FC Bayern. Um nicht auf Schützenhilfe angewiesen zu sein, musste Dortmund sein Heimspiel gegen Bremen für sich entscheiden. Doch im Verlauf der ersten Halbzeit schien alles schiefzugehen, Werder führte im Dortmunder Stadion, Leverkusen gegen Hertha BSC und Bayern gegen Hansa Rostock. Kurz vor dem Pausenpfiff beruhigte der Ausgleich durch Jan Koller die Gemüter beim BVB. Im zweiten Durchgang bewies Trainer Matthias Sammer ein goldenes Händchen: Der brasilianische Stürmer Ewerthon war wenige Augenblicke im Spiel, als er eine Vorlage von Landsmann Dedê über die Linie drückte und den BVB so zum Meister machte. Um ein Haar hätte der Treffer nicht gezählt, weil Koller aus einer klaren Abseitsposition die Kugel noch berührt hätte. Anschließend brachte Dortmund den Heimsieg über die Zeit. Nötig war es, denn auch Leverkusen und Bayern erledigten ihre Aufgaben.

BVB INTERNATIONAL

Der internationale Vereinsfußball ist eine Erfindung der Nachkriegszeit. Sicher spielte auch die Völkerverständigung nach den verheerenden Weltkriegen eine Rolle bei der Konzeption der verschiedenen Wettbewerbe auf europäischer Ebene.

Seit 1955 wird als wichtigster Pokal der Europapokal der Landesmeister ausgespielt, der bis heute in Form der Champions League überlebt hat. 1960 folgte der Europapokal der Pokalsieger, den es heute nicht mehr gibt. Dazwischengeschaltet war seit 1971 der UEFA-Cup als zweitgrößter Klubwettbewerb in

Europa, heute heißt er Europa League. Der inoffizielle Messe-städte-Pokal wird in erster Linie von den Vereinen, die den UEFA-Cup gewonnen haben, in einen Topf geworfen. Anerkannt ist der Messe-Pokal als Vorläufer nicht überall.

Borussia Dortmund hat an der zweiten Saison des Europapokals im Jahr 1956 teilgenommen, als deutscher Meister waren die Schwarzgelben für die Vorrunde im Pokal der Landesmeister gesetzt. Die internationale Geschichte des BVB begann somit am 1. August 1956 gegen Spora Luxemburg.

Helmut Bracht erzielte das erste europäische Tor für den BVB, der einen Halbzeitrückstand gegen das völlig unbekannte und damit schwer einzuschätzende Team aus dem Großherzogtum in einen 4:3-Sieg drehen konnte. Das Rückspiel in Luxemburg endete mit 1:2, weshalb ein Entscheidungsspiel her musste. Kurios dabei: Die Dortmunder hatten nach einem Ligaspiel gegen den 1. FC Köln keine 24 Stunden Zeit für Anreise und Ruhepause, um sich auf den Europapokaleinsatz in Luxemburg vorzu-bereiten. Das Entscheidungsspiel ging dann aber mit 7:0 deut-lich an den favorisierten deutschen Meister.

Zur Belohnung gab es für die 1. Runde das Traumlos Man-chester United, der heutige englische Rekordmeister galt seiner-zeit als eine der besten Vereinsmannschaften der Welt. Dort-mund schlug sich achtbar, schied nach 2:3 und 0:0 dennoch aus. Ein Jahr später war die AC Mailand im Viertelfinale Endstation für den BVB (5:2 nach Hin- und Rückspiel). Beim nächsten Auf-tritt in der Königsklasse in der Saison 1963/64 schaffte es Dort-mund sogar bis ins Halbfinale, wo diesmal Inter Mailand etwas zu stark war (2:4 nach Hin- und Rückspiel), das auch den Titel holen sollte. Auf dem Weg bis ins Semifinale hatte der BVB unter anderem Benfica Lissabon ausgeschaltet, was dem Team international große Anerkennung verschaffte.

Der BVB wirkte regelrecht reif für einen internationalen Titel und sollte ihn nur zwei Jahre später auch einfahren. Im Europapokal der Pokalsieger 1965/66 schaltete Dortmund nacheinander den maltesischen FC Floriana, ZSKA Sofia, Atlético Madrid und West Ham United aus, ehe es im Hampden Park von Glasgow zum ersten europäischen Endspiel mit BVB-Beteiligung kommen sollte. Die Favoritenrolle war klar an die Engländer vom FC Liverpool vergeben, davon ließ sich Dortmund aber keinesfalls abschrecken.

Die Mannschaft von »Fischken« Multhaup ging durch Sigfried Held nach 62 Minuten in Führung, kassierte aber rasch den Ausgleich durch Roger Hunt. In der Verlängerung war das Glück der Borussia hold, der Siegtreffer hatte durchaus Slapstick-Charakter. Reinhard »Stan« Libuda schoss aus rund 30 Metern einfach mal aufs Tor, traf aber nur die Latte. Den Abpraller bekam Liverpool-Verteidiger Ron Yeats unglücklich an den Körper, damit bugsierte er ihn ins eigene Netz. Dem BVB konnte das herzlich egal sein, mit dem ersten internationalen Titelgewinn einer deutschen Vereinsmannschaft war Dortmund ein Platz in den Geschichtsbüchern sicher.

Den nächsten Eintrag fügte Schwarzgelb 31 Jahre später im Champions-League-Endspiel gegen Juventus Turin hinzu. Im Münchner Olympiastadion war Dortmund erneut der klare

Außenseiter, es gereichte dem Team von Ottmar Hitzfeld aber offenkundig zu großer Motivation. Trainerlegende Sir Alex Ferguson von Manchester United hatte öffentlich betont, Juventus könne sich eigentlich nur selbst schlagen. Womöglich sprach aus dem Schotten Verbitterung über das Aus im Halbfinale gegen den BVB. Der jedenfalls hielt sich keineswegs an die Prophezeiung von Sir Alex, sondern ging per Doppelschlag von Karl-Heinz Riedle vor der Pause mit 2:0 in Führung. Nach dem Seitenwechsel kam »Juve« heran und drückte beim Stand von 2:1 erheblich, als der große Moment von Lars Ricken kam.

Der junge Joker war wenige Augenblicke auf dem Feld, als er per traumhaften Heber den Endstand besorgte. Das 3:1 haben die Fans des BVB anlässlich des 100. Geburtstags des Klubs zum Tor des Jahrhunderts gewählt. Mit dem Weltpokalsieg etwas mehr als sechs Monate später holte der BVB seinen bislang letzten internationalen Titel. Im UEFA-Supercup 1998 unterlag Dortmund nach Hin- und Rückspiel dem FC Barcelona, dabei handelt es sich aber nicht um einen allseits anerkannten Europapokal, weil es nur das Finale um den Titel zwischen den Siegern der Champions League und des UEFA-Cups darstellte.

Nimmt man alle anerkannten Europapokale zusammen, hat der BVB 34-mal teilgenommen und insgesamt bisher 273 Partien absolviert. Davon wurden 135 gewonnen, 51 endeten Remis, 87 in einer Niederlage. Unter den deutschen Klubs hat nur der FC Bayern auf internationaler Ebene einen größeren Eindruck hinterlassen als Borussia Dortmund.

Bundesligaklubs im Europapokal

Rang	Verein	Teilnahmen	Titel
1	FC Bayern	55	8
2	Borussia Dortmund	34	2
3	Hamburger SV	28	2
4	Eintracht Frankfurt	24	2
5	Borussia Mönchengladbach	24	2

In dieser doch üppigen Europapokalhistorie hat der BVB zahlreiche glorreiche Abende auf internationaler Ebene erlebt. Welches Spiel man dabei besonders herausheben will, ist Frage der persönlichen Präferenz. Hier folgt eine subjektive Einordnung der fünf besten Europapokalspiele des BVB.

Platz 5: 4:1 vs. Real Madrid, Champions League 2012/13

Die bis dato tolle Königsklassensaison sollte nach Ansicht der meisten Experten vorbei sein, als es im Halbfinale gegen das Starensemble von José Mourinho ging. Das Hinspiel wird jedoch zum Triumph des BVB, insbesondere Robert Lewandowski, der alle vier Tore besorgt, wird zum großen Helden.

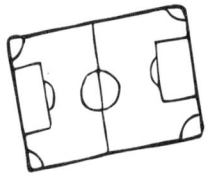

Platz 4: 5:0 vs. Benfica Lissabon, Europapokal der Landesmeister 1963/64

In einer Zeit, in der internationaler Fußball abseits der WM kaum zu verfolgen war, umwehte die Truppe von Benfica etwas Mystisches. Für die Portugiesen stürmte zum Beispiel Weltstar Eusébio. Der BVB lehrte seinerseits aber mit einem 5:0 im Heimspiel der 1. Runde den vermeintlichen Favoriten das Fürchten.

Platz 3: 3:2 vs. FC Málaga, Champions League 2012/13

Ein Grund für die Haltung, gegen Real Madrid müsse Endstation sein, war der Umstand, dass der BVB schon im Viertelfinale gegen Málaga alles Glück aufgebraucht zu haben schien. Nach 0:0 in Spanien liegt der BVB im Rückspiel bis kurz vor Schluss mit 1:2 zurück, dann gleicht Marco Reus in der Nachspielzeit aus. Doch auch ein 2:2 reicht nicht fürs Weiterkommen. Dortmund wirft angepeitscht durch den vielleicht lautesten Signal Iduna Park aller Zeiten alles nach vorn und kommt durch Felipe Santana (übrigens aus deutlicher Abseitsstellung, aber wen interessiert das schon?) tatsächlich zum Siegtreffer. Der 9. April 2013 ist seither in der BVB-Historie als »Wunder von Dortmund« oder »Wunder gegen Málaga« fest verankert.

Platz 2: 2:1 vs. Liverpool, Europapokal der Pokalsieger 1965/66

Der Überraschungserfolg von Glasgow hat den BVB nachhaltig auf die internationale Fußballlandkarte gebracht und muss somit einen Platz weit vorn in jeder Liste erhalten …

Platz 1: 3:1 vs. Juventus Turin, Champions League 1996/97

… aber hinter 1997 als größtem Erfolg der Vereinsgeschichte doch zurückstecken. Der BVB auf dem Fußballolymp der Welt, das hätten sich die meisten Fans nie zu träumen gewagt. Immerhin war der Klub kaum ein Jahrzehnt zuvor mehrfach eher im Abstiegskampf unterwegs gewesen.

DORTMUND UND DER POKAL – (K)EINE LIEBESGESCHICHTE

Mit fünf Siegen im DFB-Pokal liegt Borussia Dortmund hinter dem FC Bayern (20) und Werder Bremen (6) auf dem geteilten dritten Rang. Auch der FC Schalke 04 und Eintracht Frankfurt haben den vielleicht optisch schönsten Preis im deutschen Fußball fünfmal gewonnen. Bei zehn Endspielteilnahmen hat der BVB eine 50-prozentige Siegquote, unter den Top-Five-Pokalmannschaften des Landes ist das die zweitschlechteste. Nur Schalke hat mit sieben von zwölf verlorenen Finals eine schwächere Bilanz als Dortmund.

Die Top-Five-Pokalmannschaften Deutschlands

Rang	Verein	Finalspiele	Siege	Wann zuletzt?
1	FC Bayern	24	20	2020
2	Werder Bremen	10	6	2009
3	FC Schalke 04	12	5	2011
4	Borussia Dortmund	10	5	2021
5	Eintracht Frankfurt	8	5	2018

Bemerkenswert ist dabei, dass für Dortmund sieben der zehn Finalteilnahmen auf die Zeit seit 2008 entfallen. In dieser Phase hat sich der BVB zur Pokalmannschaft entwickelt und auch einen Rekord aufgestellt: Als einziger Klub war Schwarzgelb viermal hintereinander im Endspiel (von 2013/14 bis 2016/17).

Diese Entwicklung hätten sich Fans des BVB über viele leidvolle Jahre kaum ausmalen können. Denn lange galt Dortmund als das Gegenteil eines Spezialisten für den DFB-Pokal. Achtmal ist der BVB als Bundesligist allein schon an der ersten Hürde gescheitert, darunter etwa zwischen 1990 und 2006 viermal. Dabei gelang dem BVB in der Bundesligameistersaison 2001/02 auch das Kunststück, gegen die Amateure vom VfL Wolfsburg zu verlieren, als noch zweite Mannschaften der Profiklubs zum Pokal zugelassen waren.

Besonders peinlich war das Aus als amtierender Champions-League-Sieger 1997 gegen den Regionalligisten Eintracht Trier im Achtelfinale.

Nimmt man zum DFB-Pokal auch die Vorgängerwettbewerbe hinzu, den sogenannten Tschammerpokal, hat der BVB bis zur Winterpause der Saison 2022/23 bei 63 Teilnahmen exakt 200 Pokalspiele absolviert und davon 126 gewonnen. In der Ewigen Pokaltabelle reicht das nur zu Platz sechs. In Erinnerung an Platz zwei in der Ewigen Bundesligatabelle wird deutlich, dass der BVB über weite Strecken seines Daseins keine Pokalmannschaft dargestellt hat. Die Entwicklung geht jedoch seit einigen Jahren in die richtige Richtung.

Ewige Pokaltabelle (DFB-Pokal und Tschammerpokal)

Rang	Verein	Spiele	Titel
1	FC Bayern	267	20
2	FC Schalke 04	255	5
3	Werder Bremen	244	6
4	VfB Stuttgart	212	3
5	1. FC Köln	208	4
6	Borussia Dortmund	200	5

DER BVB UND SEINE RIVALEN

Bei der Frage nach dem größten Rivalen von Borussia Dortmund dürfte unter den Fans der Schwarzgelben an ein, zwei Trennlinien ein gewisser Spalt aufgehen: Vor allem Ältere und ortsnahe Anhänger des BVB erkennen im FC Schalke 04 den historisch gewachsenen fußballerischen »Erzfeind«. Jüngere Fans und solche ohne den ganz großen regionalen Bezug schauen wohl eher auf den FC Bayern, mit dem sich Dortmund seit vielen Jahren im Dauerstreit um die Vorherrschaft im deutschen Fußball befindet (wenngleich mit ziemlich eindeutigem Ausgang zuungunsten des BVB).

Es dürfte wenige Vereine geben, bei denen zwei so klare und so unterschiedliche Rivalitäten aus Sicht vieler Fans einen annähernd gleichwertigen Stellenwert haben. Grund genug, sich die Beziehung von Borussia Dortmund zu beiden Kontrahenten genauer anzuschauen.

Der »ewige« Rivale Schalke

Trotz der regionalen Nähe zwischen Dortmund und Gelsenkirchen und einer nicht unähnlichen Entstehungsgeschichte der beiden Vereine hatten der BVB und S04 in den ersten Jahren der Vereinsentwicklung kaum nennenswerte Berührungspunkte. Von einer Rivalität konnte erst recht nicht die Rede sein.

Das liegt zuletzt nicht daran, dass Schalke in der Zeit bis zum 2. Weltkrieg der erheblich erfolgreichere Verein war als Borussia

Dortmund. Ein Blick auf die frühe Statistik zwischen den beiden Klubs verdeutlicht das: 16 der ersten 17 Austragungen der Begegnung, die später als »Mutter aller Derbys« im deutschen Fußball gelten sollte, gingen an den FC Schalke 04, für Schwarzgelb sprang lediglich ein Remis heraus – im Januar 1938 gelang ein 3:3 in der Gauliga Westfalen gegen die absolute Übermannschaft im Deutschen Reich; Schalke wurde zwischen 1934 und 1942 sechsmal Meister.

Der erste Sieg des BVB gegen Schalke am 14. November 1943 dank eines Tors von August Lenz galt nicht mehr als ein schöner Überraschungserfolg für Dortmund, zumal sich die Knappen im Rückspiel mit 4:1 revanchierten.

Wenn ein Datum als Startschuss der »echten« Rivalität zwischen Dortmund und Schalke gelten kann, dann wohl der 18. Mai 1947, an dem es erstmals in einem Endspiel gegeneinander ging. Der BVB setzte sich im Kampf um die Westfalenmeisterschaft nach spannendem Spiel mit 3:2 durch. Im Stadion am Schloss Strünkede in Herne vor 30 000 Zuschauern führte Favorit Schalke bis in die Schlussphase mit 2:1, ehe späte Treffer von Heinrich Ruhmhofer und Herbert Sandmann die Dortmunder auf die Siegerstraße brachten. In der historischen Betrachtung dieses erst zweiten Siegs im 20. Revierderby ist oft von der »Wende im Westen« die Rede, weil fortan der BVB als stärkste Mannschaft der Region gelten musste, wie auch die Titel in den 1950er-Jahren belegen.

Allerdings war die Dominanz von Dortmund weniger erdrückend als zuvor im Falle von S04, was der

Entwicklung der Rivalität sicher zuträglich war, schließlich braucht es ansatzweise Augenhöhe, um sich in derartige Duelle verbeißen zu können.

Erst nach dem Krieg begannen beispielsweise auch die Anhänger der Klubs, sich stärker über die Unterschiede zu den Pendants beim Gegner zu definieren als über Gemeinsamkeiten. In den ersten Jahrzehnten beider Vereine stand viel eher im Mittelpunkt, dass sie aus ähnlichen sozialen Schichten entstanden waren und eine ausgeprägte Nähe zur Arbeiterbewegung hatten.

Eine Episode aus dem Jahr 1934 zeigt, dass die vermeintlich »ewigen« Rivalen zu dieser Zeit sogar eher ein freundschaftliches Verhältnis pflegten: Nachdem Schalke die erste deutsche Meisterschaft eingefahren hatte, empfing eine jubelnde Menschenmenge die Mannschaft aus Gelsenkirchen am Dortmunder Hauptbahnhof, die Spieler trugen sich sogar ins Goldene Buch der Stadt ein. Weil die Klubs sportlich nicht ernsthaft konkurrierten, stand das Gemeinschaftsgefühl der Menschen im Ruhrgebiet über die Grenzen der beiden Vereinslager hinaus im Mittelpunkt.

Die emotionale Aufladung hat sich also erst mehrere Jahrzehnte nach den ersten Austragungen des wichtigsten Revierderbys ergeben, sie hält bei vielen Anhängern beider Klubs bis heute an. Dabei ließe sich jedoch nicht sagen, dass es nicht weiter auch gewisse freundschaftliche Verbindungen zwischen den Vereinen gibt, die in mancherlei Hinsicht immer wieder gemeinsame Sache gemacht haben.

Bemerkenswert ist dabei etwa, dass Schalke zur Einweihung

des Westfalenstadions im Jahr 1974 geradezu selbstverständlich der erste Gegner des BVB war. In jenen Tagen lag die Rivalität auf Eis, weil Dortmund zweitklassig war: Von März 1972 bis Oktober 1975 fanden daher keine Pflichtspiele zwischen den beiden Reviervereinen statt. Der Abstieg hatte den BVB finanziell schwer getroffen, weswegen S04 dem inzwischen klar zum Erzfeind gewordenen Klub unter die Arme griff. Bei der inoffiziellen Eröffnung der neuen Heimspielstätte des BVB verzichteten die Gäste aus Gelsenkirchen auf eine Gage, 50 000 Zuschauer sahen einen 3:0-Erfolg für den Erstligisten. Das erste Tor im Westfalenstadion ging aufs Konto des Schalker Mittelfeldspielers Paul Holz. Wobei: Ganz richtig ist das nicht, denn vor dem Derby fand ein Frauenspiel zwischen dem TBV Mengede 08 und dem VfB Waltrop statt. Das erste Tor im Dortmunder Fußballtempel gehört tatsächlich Margarethe Schäferhoff.

Im kollektiven Gedächtnis geblieben ist jedoch, dass Schalke zur Einweihung im neuen BVB-Stadion gewann. Immerhin konnte sich Dortmund 27 Jahre später zum Teil revanchieren. Schalke lud zur Eröffnung der eigenen neuen Arena wie selbstverständlich den Erzrivalen und den historisch befreundeten 1. FC Nürnberg zu einem Blitzturnier ein. Das erste Tor in der heutigen Veltins-Arena schoss dabei mit Fredi Bobic ausgerechnet ein Dortmunder Stürmer.

Insgesamt sind bis zur Winterpause der laufenden Bundesligasaison offiziell 159 Pflichtspiele zwischen den beiden Vereinen in die Statistik eingegangen. Schalke hat dabei eine leicht bessere Bilanz als Dortmund, wobei die Königsblauen in erster

Linie noch von ihrem starken Vorsprung aus der frühen Entwicklungsphase beider Klubs zehren. Seit Gründung der Bundesliga hat der BVB knapp die Nase vorn.

Bilanz nach 159. Revierderby-Austragungen

Wettbewerb	Spiele	Siege BVB	Siege Schalke	Tordifferenz
Gesamt	159	56	60	250 : 294
Bundesliga	99	37	32	159 : 137

Dass die beiden Kontrahenten seit 1947 so gut wie nie in K.-o.-Spielen aufeinandergetroffen sind und in den seltensten Fällen gleichzeitig um denselben Titel gespielt haben, hat der Rivalität keinen Abbruch getan. Das einzige Endspiel seit der »Wende im Westen« konnte dabei Schalke für sich entscheiden: 2011 gewann der amtierende DFB-Pokalsieger den DFL-Supercup nach Elfmeterschießen gegen den deutschen Meister BVB.

Anstatt sich im direkten Duell um Titel zu streiten, hat vor noch nicht allzu langer Zeit eher die Möglichkeit, dem verhassten Nachbarn sprichwörtlich in die Suppe zu spucken, bei den Klubs für die Spannungsmomente gesorgt.

Am 33. Spieltag der Saison 2006/07 gewann der BVB ein Heim-Derby gegen Schalke dank der Tore von Alexander Frei und Euzebiusz Smolarek mit 2:0. Für Dortmund ging es um kaum noch etwas in einer mittelmäßigen Spielzeit, Schalke hingegen winkte die ersehnte erste Meisterschaft seit 1958. Im Falle einer Niederlage des VfB Stuttgart hätte S04 sogar ausgerechnet im Westfalenstadion seine Meisterfeier beginnen können. Offenbar gereichte das bei den Schwarzgelben zu ausreichender Motivation. Stuttgart gewann parallel in Bochum und machte eine Woche später den Titelgewinn perfekt, der Schalke nach dem Drama des Saisonfinales 2001, als der FC Bayern den Knappen die sicher geglaubte Schale in letzter Sekunde entriss, erneut ins Tal der Tränen stürzte. Unter BVB-Fans sorgte das für gewaltige Genugtuung. Einige von ihnen mieteten für den letzten Spieltag ein Leichtflugzeug, das über der Schalker Arena ein Banner mit der Aufschrift »Ein Leben lang keine Schale in der Hand« aufsteigen lässt. Damit verballhornten die Anhänger einen Fangesang von Schalke (»Ein Leben lang, Blau und Weiß ein Leben lang«).

Aus Sicht vieler Schalke-Fans gelang am 31. Spieltag der Saison 2018/19 in Dortmund die Revanche: S04 setzte sich gegen nach zwei Platzverweisen zu neunt spielende Schwarzgelbe mit 4:2 durch, versetzte dem BVB so im Fernduell mit dem FC Bayern einen schweren Schlag. Allerdings lässt sich darüber streiten, ob es ein gleichwertiger Revancheakt für 2007 war. Denn der BVB ging auf Platz zwei in den Spieltag und verlor wegen eines Remis der Münchner beim 1. FC Nürnberg nur einen Punkt auf seinen Meisterkontrahenten. Fakt ist: Am Saisonende fehlten drei Zähler auf den Titel, ein Derbysieg hätte womöglich dazu geführt.

Außer Frage steht, dass Schalke im wildesten Derby der vergangenen Jahrzehnte einen gefühlten Sieg davon getragen hat.

Im November 2017 schlittert Dortmund unter Trainer Peter Bosz mehr und mehr in eine Krise, schafft aber vermeintlich den Befreiungsschlag ausgerechnet gegen Schalke. Nach 25 Minuten führt der BVB mit 4:0, ein Kantersieg deutet sich an. Doch die Borussen sind in dieser Phase der Saison so instabil, dass manche Fans dennoch um die Punkte fürchten. Und das mit Recht, denn ab der 61. Minute startet Schalke eine historische Aufholjagd. In der 4. Minute der Nachspielzeit vollendet der brasilianische Abwehrmann Naldo das Comeback, mit einem 4:4 ist der BVB nach einer völlig indisponierten zweiten Hälfte sogar noch gut bedient. Nach Schlusspfiff sind sich alle einig: Hätte das Spiel auch nur eine Minute länger gedauert, Schalke hätte auch das fünfte Tor noch geschossen.

Trotz der großen Rivalität zwischen den Klubs haben gleich 28 Spieler in der Nachkriegszeit für beide Vereine die Schuhe geschnürt, 14 davon haben sogar den direkten Wechsel vom einen zum anderen Revierklub gewagt.

Den Anfang machte 1948 Abwehrmann Franz Podgorski, der dem BVB zugunsten Schalkes den Rücken kehrte. Später haben diesen brisanten Schritt auch prominente Kicker wie Reinhard »Stan« Libuda, Rüdiger Abramczik oder Andreas Möller gemacht. Libuda und Herbert Sandmann, der den BVB-Sieg 1947 herausgeschossen hatte, haben sogar gleich zweimal die Seiten im Ruhrgebiet gewechselt. Als bisher letzter »Überläufer« im Profibereich wechselte Felipe Santana 2013 von Dortmund nach Gelsenkirchen. Im Nachwuchsbereich sind diese Schritte bis heute keine große Seltenheit.

Wechsel zwischen BVB und Schalke

Spieler	Jahr	Von	Zu
Franz Podgorski	1948	Dortmund	Schalke
Herbert Sandmann	1949 1951	Dortmund Schalke	Schalke Dortmund
Reinhard Libuda	1965 1968	Schalke Dortmund	Dortmund Schalke
Norbert Dörmann	1979	Schalke	Dortmund
Rüdiger Abramczik	1980	Schalke	Dortmund
Rolf Rüssmann	1980	Schalke	Dortmund
Ulrich Bittcher	1983	Schalke	Dortmund
Jürgen Wegmann	1986	Dortmund	Schalke
Gerhard Kleppinger	1987	Schalke	Dortmund
Ingo Anderbrügge	1988	Dortmund	Schalke
Steffen Freund	1993	Schalke	Dortmund
Marco Kurz	1995	Dortmund	Schalke
Andreas Möller	2000	Dortmund	Schalke
Felipe Santana	2013	Dortmund	Schalke

Der »neue« Rivale Bayern

Auch wenn die Feindschaft im Ruhrgebiet weniger alt ist, als viele wohl auf den ersten Blick vermuten würden, ist sie historisch gewachsen. Davon kann bei der Rivalität zwischen dem BVB und dem Rekordmeister keinesfalls die Rede sein.

Über viele Jahrzehnte gab es abgesehen der Aufeinandertreffen in der Bundesliga so gut wie keine Berührungspunkte zwischen Borussia Dortmund und dem FC Bayern. Wie in der Zeit vor dem 2. Weltkrieg beim Beispiel Schalke fehlte es dafür zuerst an der sportlichen Brisanz der Spiele zwischen dem BVB und den Münchnern. Seine große Zeit in den 1950er- und 1960er-Jahren hatte Dortmund, als der FC Bayern noch nicht die große Nummer war, die er später werden sollte.

Erst durch das Wiedererstarken von Schwarzgelb in den 1990er-Jahren ist die Rivalität entstanden, jedoch war sie auch dann lange einseitig. Schließlich waren die Bayern gewohnt, dass immer wieder mal ein Verein für ein paar Jahre nach oben kam, um der eigenen Vorherrschaft den Kampf anzusagen. Den echten Respekt der Münchner musste sich Dortmund mit einer gewissen Langlebigkeit erst erarbeiten. Deutlich zugenommen hat die Rivalität erst durch die Renaissance des BVB unter Jürgen Klopp.

Vielleicht zum ersten Mal überhaupt kam die beinahe gottgegebene Stellung des FC Bayern in der öffentlichen Wahrnehmung ernsthaft ins Wanken. Denn der BVB war in den Jahren 2010, 2011 und 2012 nicht nur erfolgreicher als sein Rivale aus dem Süden, sondern er war dank der mitreißenden Spielweise unter Klopp und der vielen jungen Spieler, mit denen sich selbst neutrale Fans identifizieren konnten, auch gewissermaßen Everybody's Darling.

Das hat die Verantwortlichen beim FC Bayern angestachelt und den Verein zumindest teilweise auf den Weg gebracht, der zu der zuvor unvorstellbaren Dominanz des Klubs in der Bundesliga geführt hat. Einer der entscheidenden Faktoren war, dass die Münchner mit der Verpflichtung von Mario Götze ein junges BVB-Idol aus Klopps Mannschaft reißen konnten. Sein Abschied wurde 2013 am Abend vor dem Champions-League-Halbfinale gegen Real Madrid öffentlich, im Endspiel der Königsklasse sollte Bayern durch einen späten 2:1-Sieg über den BVB die Vormachtstellung in Deutschland endgültig zurückgewinnen.

Unter vielen eingefleischten Fans der Dortmunder Borussia wird die große Bedeutung der Rivalität mit den Bayern sehr kritisch beäugt. Sie weisen mit einiger Berechtigung daraufhin, dass die historische Komponente keine übergeordnete Rolle spielt, dass es keinerlei regionalen Bezug gibt und dass die sportliche Rivalität auch zu deutlich zuungunsten des eigenen Vereins verläuft.

Mit einigem Argwohn wird beobachtet, wie das Duell in erster Linie der Vermarktung der Bundesliga im Ausland zu dienen scheint. Findige Marketingexperten bei TV-Sendern und DFL haben das Duell als »deutschen Classico« in Anlehnung an die Spiele zwischen dem FC Barcelona und Real Madrid in Spanien etabliert. Die dortige Rivalität ist aber wesentlich stärker emotional aufgeladen: Barca ist der Klub des separatistischen Kataloniens, Real wurde in der Franco-Diktatur begünstigt und gilt als Verein der Elite.

Im Vergleich dazu verblasst der »deutsche Classico« deutlich, schließlich ist er hauptsächlich daraus entstanden, dass BVB und Bayern zufällig zur selben Zeit sportliche Höhepunkte erlebt haben. Es liegt eine gewisse Beliebigkeit vor, und es wäre jedenfalls kein großes Wunder, wenn in zehn oder 20 Jahren nicht mehr Dortmund und München, sondern zum Beispiel RB Leipzig und der Rekordmeister das in der Außendarstellung wichtigste Bundesligapärchen abgeben würden.

Dennoch sollte nicht der Eindruck entstehen, dass die Rivalität zwischen Borussia Dortmund und dem FC Bayern in den bald 30 Jahren, in denen daraus mehr wurde als ein normales Aufeinandertreffen zweier Bundesligisten, ohne ihre Reizpunkte geblieben wäre.

Schon in den 1990er-Jahren waren es hochemotionale Duelle, bei denen zum Beispiel für den Münchner Torwart Oliver Kahn jedes Mal ein Spießrutenlauf anstand, wenn er vor den Dortmund-Fans zwischen den Pfosten stand. Die Anhänger des BVB bewarfen ihn über Jahre mit Bananen und Schimpfworten.

In München wiederum wurde durchaus genüsslich aufgenommen, dass Borussia Dortmund sich vielleicht auch wegen des ständigen Fernduells mit dem Rekordmeister finanziell übernahm und wenige Jahre nach dem Börsengang der Kollaps drohte.

Hat Uli Hoeneß den BVB gerettet?

In dieser Zeit ist auch der Mythos entstanden, der FC Bayern habe den BVB vor der Pleite bewahrt. Tatsächlich gab es für Dortmund ein Darlehen über 2 Millionen Euro, das Uli Hoeneß als Manager der Münchner gewährte, um Gehaltszahlungen leisten zu können.

Allerdings kann mitnichten die Rede davon sein, dass ein Kredit über 2 Millionen Euro bei einem Schuldenberg von über 200 Millionen Euro, den der BVB über viele Jahre abgebaut hat, einen enorm großen Einfluss hatte. Zudem hatte Hoeneß, jedenfalls nach Aussage Hans-Joachim Watzkes, keine allein altruistischen Motive im Sinne eines Fußballtraditionalisten. Es habe einen happigen Zinssatz gegeben, ärgerte sich Watzke im Jahr 2014 über die Darstellung, der BVB habe von Hoeneß' Gnaden überlebt. In München wurde Watzke daraufhin der Lüge bezichtigt. Die Episode ist inzwischen unter den Vereinen geklärt, dennoch hält sich nachhaltig die Idee, Bayern habe seinen ärgsten sportlichen Rivalen am Leben gehalten.

Watzke thematisierte diesen Streitpunkt auch in seinem Buch *Echte Liebe. Ein Leben mit dem BVB*: »Ich würde niemals den FC Bayern auch nur um einen einzigen Euro fragen. Ich schätze den Klub sehr, aber lieber würde ich unter der Brücke in Dortmund betteln, als zum FC Bayern zu gehen. Wenn du deinen größten Rivalen um Geld anpumpst – mehr erniedrigen kann man sich nicht auf dieser Welt.«

Warum die Rivalität mit dem Rekordmeister in der jüngeren Vergangenheit an Aufmerksamkeit gewonnen hat, lässt indes ein Blick auf die wichtigsten Duelle der beiden Vereine erahnen: Alle fünf Endspiele im DFB-Pokal und der Champions League zwischen BVB und Bayern haben erst seit 2008 stattgefunden.

Die fünf Endspiele zwischen BVB und FC Bayern

Wettbewerb	Ergebnis
DFB-Pokal 2007/08	2 : 1 für Bayern (nach Verlängerung)
DFB-Pokal 2011/12	5 : 2 für Dortmund
Champions League 2012/13	2 : 1 für Bayern
DFB-Pokal 2013/14	2 : 0 für Bayern (nach Verlängerung)
DFB-Pokal 2015/16	4 : 3 für Bayern (nach Elfmeterschießen)

LIEBLINGS- UND ANGSTGEGNER

Borussia Dortmund traf in der Bundesliga seit 1963 auf 53 verschiedene Gegner. Nur der Wuppertaler SV und Fortuna Köln spielten unter den insgesamt 56 Klubs, die je im deutschen Oberhaus aktiv waren, genau in der Zeit in der Bundesliga, als Dortmund zwischen 1972 und 1975 zweitklassig war.

Die meisten Spiele absolvierte der BVB dabei bis zur Winterpause der laufenden Saison 2022/23 gegen den FC Bayern und Werder Bremen, es waren jeweils 107 Duelle. Mehr als 100-mal trafen die Schwarzgelben zudem in der Bundesliga auf den VfB Stuttgart, den Hamburger SV und auf Borussia Mönchengladbach.

Nur gegen zwei Vereine hat Dortmund mehr Spiele verloren als gewonnen: Gegen den FC Bayern ist die Bilanz mit 25 Siegen zu 52 Niederlagen deutlich negativ, gegen Waldhof Mannheim mit fünf Siegen bei sechs Niederlagen wesentlich knapper.

Hinzu kommen vier Klubs, bei denen sich Siege und Niederlagen für Schwarzgelb aktuell die Waage halten: Eintracht Braunschweig, Kickers Offenbach, SpVgg Unterhaching und VfB Leipzig.

Die meisten Siege in der Bundesliga hat der BVB gegen Eintracht Frankfurt gelandet, von 99 Duellen bis Ende 2022 gingen 47 an Dortmund. Dahinter folgen Bremen (46), Gladbach und Stuttgart (jeweils 41) sowie der 1. FC Köln (39) als beliebteste »Opfer« der Borussen. Statistisch betrachtet sind aber drei andere Klubs die Lieblingsgegner des BVB.

Gegen die SpVgg Greuther Fürth, TeBe Berlin und Tasmania Berlin hat Dortmund alle Bundesligaspiele samt und sonders gewonnen. Diese 100-Prozent-Quote bezieht sich allerdings auf insgesamt lediglich acht Spiele, weil die genannten Klubs jeweils nur kurze Zeiten in der Bundesliga verbringen konnten.

Unter Vereinen, auf die Dortmund mindestens 20-mal getroffen ist, sind der SC Freiburg, KFC Uerdingen (vormals Bayer 05), FC Augsburg, Hansa Rostock sowie FSV Mainz 05 rechnerisch die Lieblingsgegner des BVB.

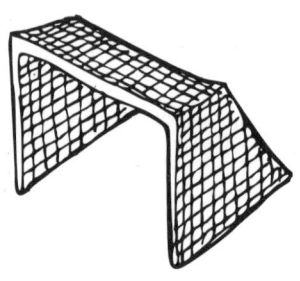

Die Lieblingsgegner des BVB in der Bundesliga, mindestens 20 Spiele

Rang	Gegner	Spiele	Siege	Punkteschnitt
1	SC Freiburg	45	29	2,18
2	KFC Uerdingen	26	18	2,15
3	FC Augsburg	22	13	2,05
4	Hansa Rostock	24	16	2,04
5	FSV Mainz 05	32	19	2,03

Wenig überraschend sind der FC Bayern und Waldhof Mannheim rechnerisch die Angstgegner des BVB in der Bundesliga. Legt man auch hier den Maßstab von mindestens 20 Duellen im deutschen Oberhaus an, folgen auf die Bayern Eintracht Braunschweig, der Hamburger SV, VfB Stuttgart und FC Schalke 04 als Teams, gegen die Dortmund den schwächsten Punkteschnitt hat.

Die Angstgegner des BVB in der Bundesliga, mindestens 20 Spiele

Rang	Gegner	Spiele	Siege	Punkteschnitt
1	FC Bayern	107	25	0,98
2	Eintracht Braunschweig	36	13	1,36
3	Hamburger SV	102	38	1,39

4	VfB Stuttgart	105	41	1,4
5	FC Schalke 04	99	37	1,42

REKORDE MIT BVB-BETEILIGUNG

In seinen über 55 Spielzeiten in der Bundesliga hat Borussia Dortmund zahlreiche Rekorde aufgestellt. Hier eine Auswahl:

Das erste Tor der Bundesliga

Der 1. Spieltag der neu gegründeten Bundesliga am 24. August 1963 ist keine 60 Sekunden alt, als Borussia Dortmund gegen Werder Bremen in Führung geht. Als erster Torschütze des neuen Wettbewerbs sichert sich Timo Konietzka einen Eintrag in die Geschichtsbücher. Kurios ist dabei: Von dieser so wichtigen Premiere gibt es keinerlei Bilder. Der TV-Kameramann war wegen eines verfrühten Anpfiffs von Schiedsrichter Alfred Ott noch nicht auf seinem Posten, und alle Fotografen waren hinter dem BVB-Tor versammelt, weil sie wohl auf einen Heimsieg von Werder spekulierten. So ist nur die mündliche Überlieferung des Tors erhalten geblieben. Lothar Emmerich war über die linke Seite durchgebrochen, setzte Konietzka ein, der aus rund zehn Metern Geschichte schrieb.

Das schnellste Gegentor der Bundesligahistorie

Kalendarisch betrachtet hat Konietzka das schnellste Bundesligator erzielt, gemessen an der Stoppuhr geht diese Ehre aber an Karim Bellarabi. Am 1. Spieltag der Saison 2014/15 trifft der Außenstürmer von Bayer Leverkusen neun Sekunden nach Anpfiff zum 1:0 für die Werkself. Dortmund war noch gar nicht richtig aus der Kabine gekommen und schon im Rückstand. Die Mannschaft von Jürgen Klopp rannte anschließend vergeblich hinterher und kassierte in der Nachspielzeit das 0:2 durch Stefan Kießling. Ein Gegentor nach neun Sekunden, das zweite nach 95 Minuten: Dass es nicht die Saison des BVB werden würde, war schnell erkennbar.

Die höchste Heimniederlage

Um den 34. Spieltag der Saison 1977/78 ranken sich viele Mythen. Borussia Dortmund tritt am 29. April 1978 im Düsseldorfer Rheinstadion gegen Borussia Mönchengladbach an, weil das Stadion der »Fohlen« auf dem Bökelberg umgebaut wird. Für Gladbach geht es im Fernduell mit dem 1. FC Köln um die Meisterschaft, der BVB hat den Klassenerhalt bereits sicher. Zehn Tore Unterschied müsste Gladbach gegenüber Köln gutmachen, wenn beide Teams ihre Spiele gewinnen würden. Es passiert Unvorstellbares: Die Elf vom Niederrhein schießt Dortmund mit 12:0 ab. Dortmunds Ersatztorhüter Peter Endrulat kassiert in beiden Halbzeiten sechs Gegentore, nachdem ihm am Spieltag mitgeteilt wurde, dass der auslaufende Vertrag nicht verlängert wird. Letztlich rettet sich Köln dank eines eigenen Kantersiegs über den FC St. Pauli den Titel. Gegen Dortmund werden Manipulationsvorwürfe laut, vor allem Trainer Otto Rehhagel wird teils sogar vom eigenen Anhang bezichtigt, gekauft worden zu sein. Nachgewiesen wurden die Anschuldigungen nie, heute ist das Spiel Teil der Bundesligafolklore. Gern erzählt man sich zum Beispiel, dass die Anzeigetafel in Düsseldorf kein 13. Tor hätte vertragen können, weil die vielen Treffer der Gladbacher Borussen sie schon voll ausfüllten.

Hunderttausend Freunde, ein Verein
DER BVB UND SEINE FANS

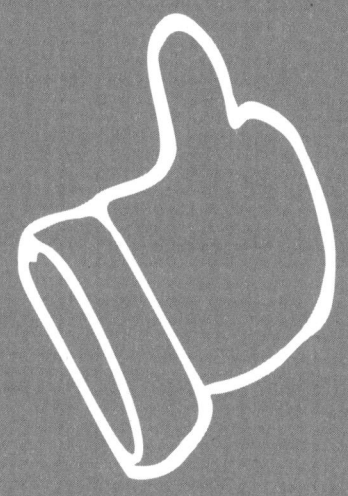

ZUSCHAUERMAGNET BVB

Borussia Dortmund ist ein Verein, der sich stärker als viele andere über seine Nähe zum eigenen Anhang definiert. Der Klub bildet über die Landesgrenzen hinaus geradezu eine Einheit mit seinem Stadion, in dem bei jedem Heimspiel um die 80 000 Zuschauer dabei sind und bei vielen Fußballfans für prägende Erlebnisse gesorgt wird. Nach den letzten Umbaumaßnahmen am Signal Iduna Park passen derzeit 81 365 Fans in den Dortmunder Fußballtempel. Die Entwicklung zum zahlenmäßig größten Zuschauermagneten in Deutschland war dabei über viele Jahrzehnte kaum abzusehen.

Als der BVB noch an der Weißen Wiese spielte, steckte der Fußballsport auf deutschem Boden noch in den Kinderschuhen und war längst nicht in allen Gesellschaftsschichten salonfähig. Bei einer maximalen Kapazität von 10 000 Zuschauern kam die Spielstätte allein aus baulichen Gründen schnell an ihre Grenzen.

In der Roten Erde fanden anschließend in Höchstzeiten 42 000 Fans Platz, es ist aber beileibe nicht so, als hätten die Spiele von Borussia Dortmund in dieser Zeit all Sitz- und Stehplatztribünen ausgereizt. Tatsächlich blieb der BVB in Sachen Zuschauerschnitt beispielsweise in den ersten Jahren der Bundesliga nicht nur aus logistischen Gründen hinter der Kapazität der anderen Klubs teilweise deutlich zurück.

Ein regelrechtes Trauerspiel folgte nach dem Abstieg in die zweitklassige Regionalliga. Neben den wegen der Covid-Pandemie unter (weitgehendem) Ausschluss der Öffentlichkeit stattfindenden Spielen aus den Jahren 2020 bis 2022 waren Heimspiele des BVB nach dem Umzug in die Rote Erde nie so schlecht besucht wie in den Saisons 1972/73 und 1973/74. Als absoluter Tiefpunkt gilt ein Kantersieg über Preußen Münster am letzten Spieltag 1973, der nur 1500 Zuschauer ins Stadion Rote Erde lockte.

Gleich nebenan wurde seinerzeit schon am Westfalenstadion gebaut, dessen Wert für die Vereinsentwicklung des BVB kaum überschätzt werden kann. Trotz Verbleibs als Zweitligist schoss der Zuschauerschnitt der Borussen in die Höhe, entsprechende Einnahmen aus dem Kartenverkauf haben zur finanziellen Gesundung beigetragen.

Nach dem Wiederaufstieg zur Saison 1976/77 war Dortmund erstmals Zuschauermeister in der Bundesliga. Diesen Status hatte der Klub auch gegen Ende der 1980er-Jahre inne und verteidigt ihn seit Ende der 1990er-Jahre bis heute.

Die Kapazität der Heimspielstätte hat dabei fluktuiert, von zunächst 54 000 schmolz sie 1992 auf unter 43 000, stieg aber anschließend sukzessive an. In mehreren Ausbaustufen ging es bis auf maximal 83 000 Plätze, seit einigen Jahren sind nur noch unwesentliche Änderungen hinsichtlich der Kapazität festzustellen.

Seit der Saison 2011/12 galt der BVB sogar als der Klub, der in Europa die meisten Zuschauer bei Heimspielen begrüßen darf. Durch die Coronapandemie hat Dortmund diesen Status fürs Erste eingebüßt. Als entscheidend für die Zuschauermassen, die in etwa alle zwei Wochen zu den Bundesligaspielen anreisen, gilt nicht zuletzt die Zahl der verkauften Dauerkarten. Rund 55 000

Dauerkarten verkauft der Klub jährlich, es könnten auch deutlich mehr sein. Wartelisten sind ellenlang, viele Fans müssen über Jahre darauf warten, eine der begehrten Karten zu erhalten.

Ausgewählte Zuschauerschnitte beim BVB

Saison	Bemerkung	Zuschauerschnitt
1963/64, Rote Erde	1. Bundesligasaison	Ca. 22 100
1973/74, Rote Erde	Regionalliga West	Ca. 9000
1974/75	1. Jahr Westfalenstadion	Ca. 25 400
1976/77	Nach Wiederaufstieg	Ca. 42 400
2018/19	Bisheriger Höchstwert	80 820

MYTHOS »GELBE WAND«

Fragt man im Ausland nach Borussia Dortmund, wird als Antwort unweigerlich recht schnell über »the Yellow Wall« gesprochen. Die Gelbe Wand ist vielleicht das größte Markenzeichen des Vereins.

Knapp 25 000 Fußballfans machen die 6900 Quadratmeter Beton auf der Südtribüne des Signal Iduna Parks zum Epizentrum all dessen, was den BVB ausmacht.

Alle gesellschaftlichen Grenzen fallen weg, wenn die Anhänger des BVB dicht gedrängt stehen, um ihren Lieblingsklub zu unterstützen. An guten Tagen kann die Gelbe Wand Spiele entscheiden, heißt es bisweilen. In jedem Fall ist sie eine imposante Erscheinung und selbst außerhalb von Spieltagen eine Reise wert.

Mit einer Neigung von 37 Grad ähnelt die größte Stehplatz-tribüne Europas einer Skisprungschanze. Dadurch ist auch sichergestellt, dass selbst von ganz weit oben gute Sicht auf das Spielfeld besteht. Doch wer auf der »Süd« steht, ist nicht allein deshalb im Stadion, um ein Fußballspiel zu sehen. Die 90 Minuten, plus 15 Minuten Halbzeitpause, plus die Zeit vor und nach dem Spiel, all das ist ein Erlebnis für sich.

Wer noch nie einem Heimspiel des BVB beigewohnt hat, kann sich aus Erzählungen und TV-Bildern nur ansatzweise vorstellen, wie es ist, ein Spiel als Teil der Gelben Wand zu erleben. Auf der Südtribüne werden alle Fans gleich behandelt, solange sie sich an die eigenen Spielregeln der Gelben Wand halten und sich in den Dienst des Klubs und der Mannschaft auf dem Rasen stellen.

Es ist kein Wunder, dass Neuzugänge beim BVB immer wieder erklären, das Stadion sei ein wichtiger Faktor bei ihrer Entscheidung für den Verein gewesen. Selbst Spieler gegnerischer Mannschaften sprechen oft ehrfürchtig von ihren Erlebnissen in Dortmund.

BERÜHMTE BVB-FANS

Zahlreiche bekannte Persönlichkeiten aus dem Showbusiness und öffentlichen Leben sind bekennende Anhänger von Borussia Dortmund. Eine kleine Auswahl:

Gerhard Schröder, Altkanzler

Der ehemalige Bundeskanzler, selbst passionierter Fußballer, hat zwei Lieben: Heimatverein Hannover 96 und den BVB. Was den Klub in seiner Kanzlerschaft schmückte, wurde ihm später regelrecht peinlich. Nach dem russischen Angriffskrieg auf die Ukraine im Februar 2022 hat Dortmund Schröder wegen der Nähe zum Regime Wladimir Putins die Ehrenmitgliedschaft entzogen.

Dietmar Bär, Schauspieler

Bär ermittelt in der ARD-Krimi-Reihe *Tatort* in Köln, ist aber selbst geborener Dortmunder und glühender Anhänger des BVB. In jungen Jahren begleitete Bär die Schwarzgelben auf der Südtribüne, beim Wiederaufstieg nach einem 3:2 in der Relegation gegen den 1. FC Nürnberg gehörte der damalige Teenager zu den euphorischen Fans, die den Rasen stürmten.

Marius Müller-Westernhagen, Sänger

Während Bär als waschechter Dortmunder die Liebe zum BVB mit der Muttermilch aufgesogen hat, hat Müller-Westernhagen erst zum Klub gefunden, als er schon prominent war. Während einer Tournee soll ein Fahrer den Sänger erstmals mit ins Stadion genommen haben, der sich Mitte der 1990er-Jahre vom BVB-Fieber anstecken ließ. Der Rocker mit der Reibeisenstimme war beispielsweise auch 1997 beim Champions-League-Triumph in München live dabei.

DIE FANGESÄNGE IM SIGNAL IDUNA PARK

Ein Besuch im Dortmunder Fußballtempel ist immer auch ein musikalischer Genuss. Die stimmgewaltigen Fans haben feste Rituale, mit welchen Liedern etwa auf den Anstoß hingefiebert wird. Vergleichsweise wenig bekannt dürfte dabei die offizielle Vereinshymne »Wir halten fest und treu zusammen« sein, die 1934 anlässlich des 25. Geburtstags des BVB von Heinrich Kersten zur Melodie eines 1892 komponierten Lieds (»Kaisermarsch Hipp Hipp Hurra«) des Bremer Zeitungsredakteurs Georg Kunoth gedichtet wurde.

»Wir halten fest und treu zusammen, Ball-Heil-Hurra, Borussia! Vor keinem Gegner wir verzagen, Ball-Heil-Hurra, Borussia! (…) Aber eins, aber eins, das bleibt besteh'n, Borussia Dortmund wird nie untergeh'n«, heißt es in dem Text. Als der Klub am

Rande der Insolvenz stand, haben die Fans diese Zeilen zeitweise demonstrativ nach der 9. Minute eines jeden Heimspiels angestimmt.

Als inoffizielle Vereinshymne gilt derweil das Lied »Leuchte auf mein Stern Borussia«, das der Dortmunder Kabarettist Bruno Knust, der vor Norbert Dickel Stadionsprecher war, geschrieben hat. »Im Jahre 1909, da wurd' ein Stern gebor'n. Und man sah sofort an seinem Schein, er kann nur aus Dortmund sein« bezieht sich der Text auf die Gründung des Klubs.

Regelrecht kontrovers ist, dass im Signal Iduna Park unmittelbar vor dem Spiel »You'll never walk alone« angestimmt wird. Seit 1996 singen dabei alle Heimfans bei einer Coverversion des ursprünglich einem Broadway-Musical entstammenden Songs mit, das mit Fußball an sich gar nicht viel zu tun hat.

Es ist mehr oder weniger ein Plagiatsvorwurf, der sich an den BVB richtet, weil die Fans des FC Liverpool schon in den 1960er-Jahren »YNWA«, wie der Song abgekürzt wird, zur Vereinshymne gemacht haben. Das Lied »Walk on, walk on, with hope in your heart, and you'll never walk alone, you'll never walk alone«, bietet dennoch den idealen Hintergrund für ein fußballerisches Gemeinschaftserlebnis.

Als Torhymne fungiert beim BVB im Übrigen seit 1994 eine textlich wesentlich anspruchslosere Version des Hits »Go West« von den Pet Shop Boys. »Olé, jetzt kommt der BVB«, heißt es darin. Etabliert hat sich die Torhymne bei einem Europapokalspiel bei Bröndby in Kopenhagen im November 1993, als die Gästefans aus Dortmund rund eine Stunde lang nichts anderes sangen.

Abgespielt wird von der Stadionregie eine Version der Band Pur Harmony, die auch die BVB-Version von »You'll never walk alone« eingesungen hat.

Das bekannteste, ganz eigene Liedgut der Schwarzgelben dürfte indes aber sein, was die Fans anstimmen, wenn die Mannschaft aus dem Tunnel auf den Rasen läuft. Der darin enthaltene Ausspruch »Heja BVB« ist so etwas wie ein Klubmotto: »Heja BVB, heja BVB, heja, heja, heja BVB! Heute wolln wir siegen, wir gehen mächtig ran. Borussia spielt heut ganz groß, bis zum letzten Mann!«

Heja BVB
WAS MAN SONST NOCH WISSEN SOLLTE

DIE SPONSOREN DES BVB

In Fußball-Deutschland hält sich hartnäckig der Mythos, Eintracht Braunschweig mit der legendären Jägermeister-Werbung habe das Trikotsponsoring erfunden. Tatsächlich war es Wormatia Worms, das 1967 drei Spiele lang mit Werbung für den US-amerikanischen Baumaschinenhersteller Caterpillar in der damals zweitklassigen Regionalliga auflief, ehe der DFB flugs ein Verbot aussprach.

In der Tat hat Braunschweig das Thema ab 1973 jedoch in der Bundesliga salonfähig gemacht und so für die flächendeckende Nutzung der Werbefläche auf der Vorderseite von Trikots gesorgt. Beim BVB war zunächst kein Konzern, sondern die Stadt Dortmund Nutznießer dieses Wandels.

Von 1974 bis 1975 schmückte der Schriftzug »DO« die Brust der Spieler, im »O« waren der Dortmunder Fernsehturm, Blumen und ein Fußball abgebildet. Damit drückte der Verein seine Dankbarkeit für die Unterstützung der Stadt und ihrer Gesellschaft in der vorangegangen Finanzkrise sowie für den Bau des Westfalenstadions aus.

1976 folgte mit dem niederländischen Tabakhersteller Samson der erste »echte« Sponsor auf dem Trikot. Die Episode blieb nicht ohne Brisanz, unter anderem änderte der BVB sein Logo, um dem Sponsor zu gefallen. Bis 1978 zierte ein Löwenkopf die Leibchen, das Thema zog sich auch bei den Maskottchen durch: Vor dem ersten Meisterschaftsspiel im Westfalenstadion nach dem Wiederaufstieg in die Bundesliga gegen den 1. FC Saarbrücken überreichten Vertreter von Samson dem BVB um Trainer Otto Rehhagel ein echtes Löwenbaby mit Namen Sambo. Die tierische Verbindung endete, als Dortmund ab 1978 nicht mehr für Zigaretten, sondern für Lacke und Spachtelmassen warb.

Die Trikotsponsoren des BVB

Jahre	Sponsor	Geschäftszweig
1974–76	Stadt Dortmund	–
1976–78	Samson	Tabak
1978–80	Motip Dupli	Lackaerosole
1980–83	UHU	Klebstoffe
1983–86	Artic	Lebensmittel
1986–97	Continentale	Versicherungen
1997–2000	s.Oliver	Mode
2000–06	E.ON	Energie
Seit 2006	Evonik	Industrie
Seit 2020	1&1	Telekommunikation

Seit 2020 teilen sich Evonik (DFB-Pokal und internationale Wettbewerbe) und 1&1 (Bundesliga) das Trikotsponsoring beim BVB. Relevant sind neben diesen Werbepartnern auch der Ausrüster Puma, der ebenso wie der Namensgeber des Stadions, die Versicherungsgruppe Signal Iduna, Anteilseigner am BVB ist.

Die Heimspielstätte des BVB heißt seit Dezember 2005 offi-

ziell Signal Iduna Park. Bereits im Jahr 2001 gab es viele Spekula-
tionen über den Verkauf von Namensrechten an den damaligen
Hauptsponsor E.ON. Es hätte offenbar nicht viel gefehlt, und der
BVB hätte seine Heimspiele im »Westfalenstadeon« ausgetragen,
zumindest war dieser neue Name seinerzeit im Umlauf.

VON HEITER BIS DRAMATISCH
VIER GESCHICHTEN, DIE MAN
KENNEN MUSS

Dass Borussia Dortmund in über 113 Jahren Vereinsgeschichte zahlreiche Anekdoten hervorgebracht hat, die teilweise eigene Bücher verdienen würden, liegt auf der Hand. Hier folgen vier Geschichten, die man gehört haben sollte.

1. Hundebiss im Revierderby

Anekdötchen aus den 169 Revierderbys könnten ganz Bibliotheken füllen. Die wohl bemerkenswerteste Episode spielt sich am 6. September 1969 in der Roten Erde ab. Das 1:1 vor vollgepackten Rängen wird dabei zeitweise zur Nebensache, als es nach dem Führungstreffer von Schalke zu tumultartigen Szenen kommt. In deren Rahmen stürmen auch Ordner mit Schäferhunden auf den Platz, die eigentlich die wilden Fans zur Ordnung bringen sollen. Der Hund »Blitz« beißt stattdessen bei zwei Spielern von Schalke zu. Gerd Neuser erwischte es am Oberschenkel, Friedel Rausch am Hintern. Weil sich Auswechslungen zu dieser Zeit in der Bundesliga noch nicht etabliert haben, spielt Rausch nach einer fixen Tetanusspritze einfach weiter. Neben jeweils 300 D-Mark Schmerzensgeld erhalten Rausch und Neuser vom BVB wenige Tage später einen Blumenstrauß. Im Rückspiel lässt Schalke dann zwei Junglöwen auf den Platz, um gewissermaßen Revanche zu nehmen. Allerdings vor dem Spiel und ohne Beißattacken.

2. Entlassung wegen Verhandlungen mit dem Gegner

Als der BVB 1976 endlich den Wiederaufstieg in die Bundesliga packen will, stehen die entscheidenden Relegationsspiele zwischen den Tabellenzweiten der beiden Staffeln in der 2. Liga an. Für Dortmund geht es gegen den 1. FC Nürnberg um alles. Zum Skandal gereicht da, dass Trainer Horst Buhtz, der erst im Lauf der Saison übernommen hatte, vor den Entscheidungsspielen ausgerechnet mit Nürnberg über ein Engagement in der neuen Saison einig wurde. Um eine Beeinflussung der Ergebnisse zu verhindern, entlässt der BVB-Vorstand Buhtz kurzerhand und ernennt Otto Rehhagel zum Nachfolger, der den BVB mit zwei Siegen über den »Club« tatsächlich wieder erstklassig macht.

3. Champions-League-Held beinahe verhindert

Mit seinem Tor im Champions-League-Endspiel gegen Juventus Turin hat sich Lars Ricken einen Platz in allen BVB-Geschichtsbüchern gesichert. Um ein Haar aber hätte der damals 20-jährige Jungstar das Spiel verpasst. Denn Ricken leistet zu dieser Zeit seinen Wehrdienst ab, ist nach eigener Aussage kein sonderlich gewissenhafter Schütze. Eine Episode hätte den Einsatz des Offensivspielers im Finale von München fast verhindert: »Ich hatte den Spind offen gelassen, damit man sehen konnte, dass ich alles aufgeräumt hatte. Das Problem war: Die Waffenkarte lag noch darin. Theoretisch hätte sich jemand damit mein Gewehr nehmen und – wieder theoretisch – jemanden erschießen können. Das hat meinem Hauptfeldwebel und Vorgesetzten gar nicht gefallen«, berichtete Ricken im Jahr 2022 gegenüber dem Fußballmagazin *kicker*. Ihm drohten einige Tage »im Bau«, wie der heutige Chef des Dortmunder Nachwuchsbereichs formulierte. Offenbar mit einer gewissen Redegewandtheit gelang es Ricken, seinen Einsatz doch noch zu ermöglichen. Der Rest ist Geschichte …

4. Der Torfall von Madrid

Ein Jahr nach dem Triumph gegen Juventus Turin spielt der BVB eine schwache Bundesligasaison, schafft in der Königsklasse aber den Einzug ins Halbfinale. Dort geht es gegen Real Madrid. Vor Anstoß des Hinspiels in der spanischen Hauptstadt klettern einige Fans auf den Schutzzaun hinter einem der Tore, woraufhin der Zaun umknickt und das daran befestigte Tor mit sich reißt. Nur zwei Minuten vor Anpfiff fehlt mit einem Kasten ein für den Fußballsport nicht unwesentliches Detail. Letztlich müssen beide Mannschaften 76 Minuten lang auf Ersatz warten, ehe das Spiel (Endstand 2:0 für Real) beginnen kann. Legendär ist nicht zuletzt die TV-Übertragung beim Privatsender RTL, bei dem Kommentator Marcel Reif und Moderator Günther Jauch die unerwartete Sendezeit mit einem Sprüchefeuerwerk überbrückten. »Das erste Tor ist schon gefallen«, begrüßt Jauch neu einschaltende Fans launig, während ein Spruch von Reif zum geflügelten Wort wurde: »Nie hätte ein Tor einem Spiel so gut getan.« Die beiden TV-Helden wurden für die Übertragung mit dem bayerischen Fernsehpreis ausgezeichnet. Der BVB verzichtete auf einen Protest bei der UEFA und schied nach einem torlosen Remis im Rückspiel aus.

FUSSBALL IST KEINE MÄNNERSACHE

Auf den Seiten dieses Buches ging es bislang allein um die Männerfußballabteilung des BVB. Eine solche Abgrenzung wäre über mehr als 100 Jahre Vereinsgeschichte nicht nötig gewesen, denn Frauen durften beim BVB nicht Fußball spielen.

Erst viel Druck insbesondere durch die organisierte Fanszene hat zur Gründung einer Frauenfußballabteilung zum 1. Juli 2021 geführt. Der Klub hat seine Anhänger dabei an der Konzeption teilhaben lassen: Im Rahmen einer Umfrage konnten die Fans von Schwarzgelb ihre Meinung kundtun, wie die Frauenabteilung am besten gegründet werden sollte.

Dabei hat sich eine Mehrheit dafür ausgesprochen, ganz unten in der Kreisklasse anzufangen und einen organischen Aufstieg durch die Ligen bis ins Oberhaus anzustreben.

Der Klub startete ein ausgedehntes Bewerbungsverfahren, an dem sich auch Spielerinnen beteiligten, die für die Kreisklasse deutlich überqualifiziert waren. Letztlich bekamen 24 Frauen die Chance, Vorreiterinnen bei Borussia Dortmund zu werden.

Das erste Spiel der BVB-Frauen stieg am 8. August 2021 in einem Test gegen 1860 München, anschließend fegte das Team von Trainer Thomas Sulewski über die Konkurrenz aus Dortmund und der nahen Umgebung hinweg: Nach 18 Siegen in 18 Spielen und 143 geschossen Toren (bei nur 3 Gegentreffern) sicherte sich die Frauenabteilung des BVB im Aufstiegsspiel gegen die Zweitvertretung des TV Brechten im Mai 2022 trotz knapp 70-minütiger Unterzahl vor mehr als 1000 Fans einen Platz in der Bezirksliga.

Zudem holten die BVB-Ladies wenige Tage später gegen das erste Team von Brechten den Kreispokal. Wofür die Männer 103 Jahre brauchten, haben die Frauen von Borussia Dortmund also nur eine Saison benötigt: Das Double aus Meisterschaft und Pokal machte die erste Spielzeit der neuen Abteilung zum absoluten Triumph.

WAS NOCH ZU SAGEN WÄRE

»Grau is' im Leben alle Theorie – entscheidend is' auf'm Platz.«

Alfred Preißler

»Gib mich die Kirsche!«

Lothar Emmerich

»Vom Feeling her habe ich ein gutes Gefühl.«

Andreas Möller

»Der BVB ohne Südtribüne ist wie Fußball ohne Ball.«

Hans-Joachim Watzke zur Sperrung der Gelben Wand für ein Spiel 2017

»Frank Mill ist mit allen Abwassern gewaschen.«

Norbert Dickel

»Er muss ja nicht unbedingt dahin laufen, wo ich hingrätsche.«

Neven Subotić nach einem glasklaren Foulspiel

»Wir werden auf ihn warten wie eine gute Ehefrau, die auf ihren Mann wartet, der im Knast sitzt.«

Jürgen Klopp über den verletzten Mats Hummels

> *»Wir haben die Abstandsregeln im Spiel gegen den*
> *Ball vorbildlich eingehalten.«*

Michael Zorc nach einer Niederlage in der Champions League gegen Lazio
Rom während der Coronapandemie

SCHLUSSWORT

Borussia Dortmund ist der zweiterfolgreichste Verein im deutschen Fußball. Dass dies keineswegs eine Selbstverständlichkeit ist, sollte bei der Lektüre des vorliegenden Buches klargeworden sein. Der BVB hat sich schon immer in Wellenbewegungen entwickelt und dabei stets besondere Spannungsfelder im Profifußball bedient: zwischen Arbeiterkult und Internationalisierungsstrategie, zwischen Malocherattitüde und Spitzensport.

Dabei hat der Verein seinen eigenen Charakter nie verloren, der sich ohnehin nur selten darüber definiert hat, was da eigentlich auf dem grünen Rasen vor sich ging. Borussia Dortmund ist ein Lebensgefühl und verbindendes Element für Millionen von Fußballfans. Passend heißt es in einem der beliebtesten Stadiongesänge:

> »Es war Liebe auf den ersten Blick,
> nur für dich Borussia verpass' ich keinen Kick.
> Ich erinner' mich noch an das erste Mal,
> ich war jung und trug voller Stolz deinen Schal.
> Durch meine Adern da fließt anstatt rot,
> schwarz und gelbes Blut und zwar bis in den Tod.
> Du bist meine Liebe, mein Stolz, mein Verein,
> für dich schwenk ich Fahne, hau' auf Trommel und
> stimm' ein.«

Daniel Michel

UNNÜTZES
FUSSBALL
WISSEN

*Erstaunliche Fakten, die
jeden zum Experten machen*

YES